가람 이병기 전집 2

시조 · 시

(신문 · 잡지 편)

가람 이병기 전집

❷

시조·시

(신문·잡지 편)

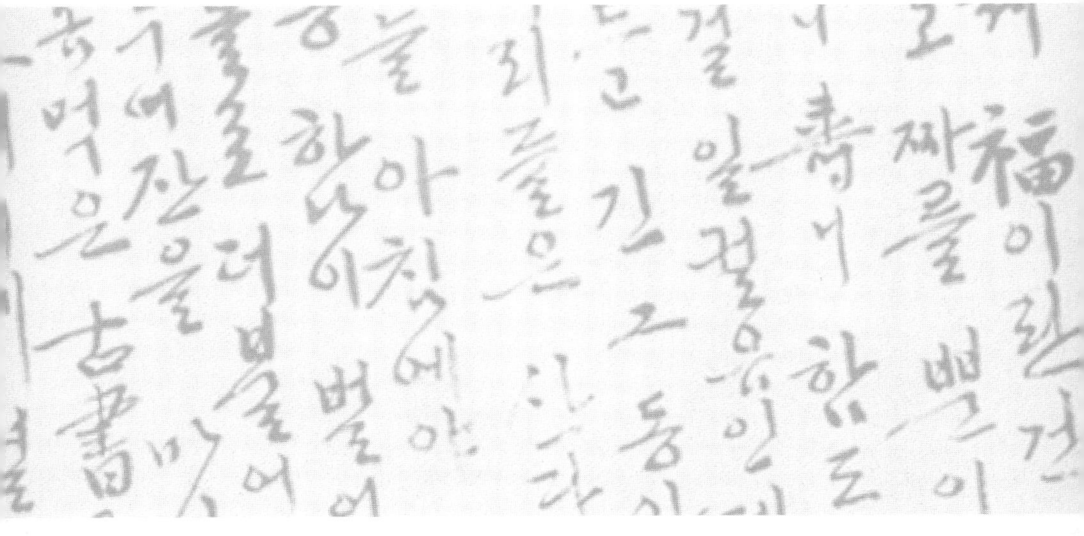

전북대학교
출판문화원

△ 가람 이병기 선생

△ 전북대학교 삼성문화회관 앞 가람시비

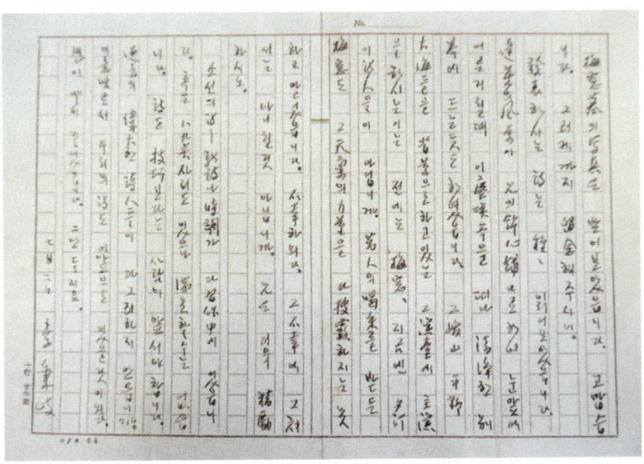
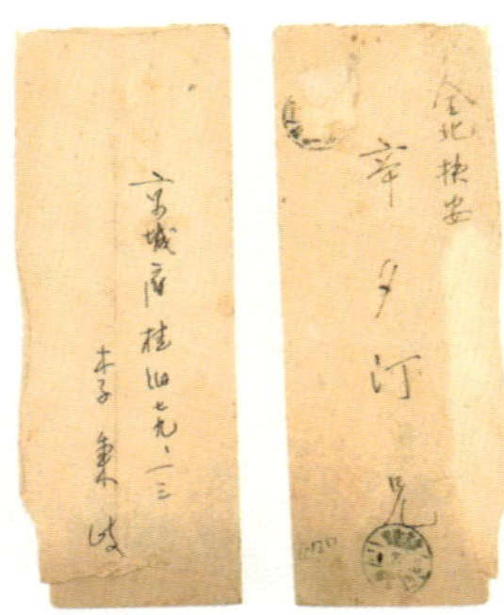

△ 가람이 석정에게 보낸 편지와 봉투(1930년대, 석정문학관 소장)

△ 문인들과 함께(앞줄 좌로부터 두번째 가람, 세번째 석정, 둘째줄 세번째 박항식, 셋째줄 첫번째 이병훈, 세번째 김영송, 네번째 고은)

△ 가람이 전주 시절 기거하던 양사재

가람 이병기 시조·시

신문·잡지편

일러두기

1. 이 책은 신문 · 잡지에 발표된 가람 이병기의 시조 · 시 · 신시 · 속요 작품들을 연대순으로 수록하였다.
2. 신문 · 잡지에 발표된 작품들의 출전은 각주로 밝혀 수록하였으며 출전이 표시되지 않은 것의 출전은 바로 그 앞의 것과 동일하다.
3. 가람의 시조집과 신문 · 잡지 이외의 출전을 알 수 없는 작품들은 『가람문선文選』(신구문화사, 1966)의 것을 수록하였다.
4. 원본 작품의 한자 표기는 가독성을 위하여 '한글漢字'식으로 표기하였다.
5. 신문의 출전은 연월일까지 밝히고, 잡지의 출전은 연월까지 표시하였다.
6. 원문대로 표기하되 띄어쓰기는 현대문법에 맞게 표기하였다.

목차

Ⅰ. 시조

II. 가람문선 수록 시조

Ⅲ. 시 · 신시 · 속요

Ⅰ. 시조

갈 길[1]

가고도 가아도 갈 길이 멀고 먼데
해는 다 지고 달이 벌서 써오른다.
밤에도 달이 다 지도록 가고 볼가 하노라.

달밤에[1]

밤 비치 기펏거늘 온 누리 고요하다.
달을 보고 잠 못 들어 뜰에 나서 거닐러니
다만지 서로 짜르긴 그림자만일러라.

할아버님 무덤 아페서[1]

지난 봄 집에 들 제 문 열고 반기시며
너 오느냐 하시든 일 어제런 듯하드니
오늘날 돌아와 보니 무덤에 풀만 푸르렷다.

1 『徽文』 2호, 1924. 6.

제주濟州ㅅ길에[2]

목포木浦

영산강榮山江 물을 짤어 서해西海에 다다르니
승달산僧達山 유달산儒達山은 반공半空에 솟아 잇고
벽파碧波에 서로 빗최는 선루船樓와 여각旅閣일러라.

다도해多島海

창파蒼波를 스처 오는 서늘바람 마지하고
백범白帆을 홋날리어 이리저리 돌아들 제
흉중胸中에 이는 청홍淸興을 내 못 니겨 하노라.

바다란 강江이요 섬이란 산山이로다.
강江 잇고 산山 잇스니 청풍명월淸風明月 업슬소냐.
일생一生을 청풍명월淸風明月 벗삼고 이 중에서 놀과저.

2 『東亞日報』, 1924. 8. 25.

가도록 청산靑山이오 가도록 녹수綠水로다.
청산녹수靑山綠水가 가도록 조탄말가.
이 아니 봉래방장蓬萊方丈이면 영주瀛州인가 하노라.

명량鳴梁

이곳이 어데멘지 아는다 저사공沙工아.
수군水軍실고 드날치든 거북선 어이 가고
무심無心한 어주자漁舟子들만 오락가락 하더라.

옥매산玉梅山 고운 돌에 석양夕陽이 빗최이고
우수영右水營 낡은 성城에 가마귀 날어들 제
어데서 어적부성漁笛敷聲은 구슬프게 들리는고.

물ㅅ결은 출렁출렁 배ㅅ머리 빙빙 돌 제
이장군李將軍 큰칼 두르고 적군敵軍을 호령號令함이
눈압헤 번적거리어 보이는 듯하여라.

바다로만 알엇더니 산山이 또한 막어 잇다.
적선敵船이 어인 일로 이곳에 드단말가.
하믈며 구선龜船에 쫏겻스니 달어날 길 업서라.

제주濟州

성산城山에 해가 돗고 산포山浦에 조수潮水들 제
어엿분 해녀海女들이 풍덩실 몸을 던저
창파滄波를 휘밀고 감도 적이 볼만하여라.

관음사觀音寺

오라리 아라리로 관음사觀音寺 차저 드니
봉려관蓬廬觀 보살菩薩님은 염불念佛만 하옵시고 청풍각淸風閣 주인공主人公은 졸음만 졸고 잇다.
두어라 세상만사世上萬事를 나무아미타불南無阿彌陀佛 관세음보살觀世音菩薩.

한라산漢拏山

가시나무 덤불 헤처 돌담불 길을 찻고
오르고 오르도록 바드롭고 바드론데
잇다금 부룩소 영각 소리만 어데로서 들리오네.

놉흔 봉 깁흔 골에 구름이 자젓는데
동東벼로 서西벼로 휘돌고 감돌으니
소리처 맑은 시내만 굽이굽이 흐르더라.

수국화水菊花 엉겅퀴를 다복이 만저보고
산山딸기 실어미를 한 웅큼 따아 들어
이윽고 노향목老香木 알에에서 말울음을 들엇노라.

봉우에 부는 바람 옷깃을 날리는데
바위 잡고 기어나려 백록담白鹿潭 다다르니
사면四面에 구름이 자옥하며 어드런 줄 모를러라.

백록담白鹿潭 저 언덕에 백록白鹿은 어데 가고
백록담白鹿潭 깁흔 물만 저절로 맑어 잇다.
아마도 영주선경瀛州仙境은 이곳인가 하노라.

군선群仙을 차즈랴고 영실靈室을 향向하다가
사나운 비바람에 서귀포西歸浦로 돌아가니
아마도 영주선연瀛洲仙緣은 바이업는가 하노라.

한라산漢拏山 우는 소리 한해瀚海에 나는 소리
마주처 웅웅거려 속객俗客을 놀래이니
선경仙境을 드레일가바 신선神仙이 노怒함인 듯하여라.

서귀포 西歸浦

범섬에 안개 것고 천지天池에 해 빗최니
홍로烘爐가 쏘이는 듯 날이 몹시 더웁거늘
해변海邊에 나서 거닐으니 서늘바람 일더라.

한해 瀚海

어드런 게 한울이고 어드러케 바달느뇨.
이 중의 해와 달은 밤낫에 떠 잇도다.
호올로 배 우에 올라 갈 바를 몰라 하노라.

애월포 涯月浦

한 족악 밝은 달은 바다로 들어가고
남극 노인성南極老人星은 천애天涯에 드렷는데
어느듯 애월포涯月浦 지나감이 꿈ㅅ결인 듯하여라.

탄식嘆息[3]

사람도 봄이라면 이 조흔 봄바람에
야위든 내 얼굴도 쏫가티 피련마는
거울을 비최어 보니 줄음살만 더하구야.

전춘餞春[3]

이 밤이 다 지나면 이 봄도 다 간다니
가는 저 봄이야 뉘라서 막으랴마는
잠이나 내 아니 자고 밤을 샐가 하노라.

3 『時代日報』, 1925. 5. 12.

한강漢江을 지나며[4]

어머님 가시든 날이 오늘밤 갓터쓰면
저 조흔 달 알에서 이 강을 건느시련만
그 밤은 모진 물결에 등ㅅ불좃차 업섯소라.

고향故鄕ㅅ 길에[4]

소매ㅅ속에 드는 바람 시원도 하온지고
나를 짜러 저 달은 물에 비쳐 보이다가
내 쏘한 산을 넘으니 산 넘어서 보이더라.

벼 포귀 묵거센 듯 두렁 넘어 웃쑥 솟고
콩과 팟은 넝쿨 벗어 길도 밧도 모를세라.
헤매다 저녁 이슬에 옷을 적셔 드노라.

모처럼 집에 드니 낫선 이도 만흔지고
술 밧고 닭을 잡어 손과 갓치 녀기오며
이웃집 늙은이들도 수스러이 아더라.

---

4 『朝鮮文壇』12호, 1925. 10.

뒤ㅅ동산 깁흔 숩에 흐르는 쇠꼴리소리
하두나 조흘세라 춤을 추고 니러나니
산듯한 아츰 해ㅅ발이 산을 넘어 오더라.

선경이 이 아닌가 달리 차저 무엇하리.
대숩 속 맑은 바람 돌 사이 맑은 시내
홍진에 흐렷던 가슴을 시쳐준 듯하여라.

탄식[4]

열세 해 공을 드려 키우든 쏫 한 가지
쏫도 미처 못 펴보고 바람 마저 썩기는고야.
일마다 이럴 양이면 무얼 한다 하오리.

이태원梨泰院 묘지墓地에서[4]

남산南山의 소나무는 천고千古에 한 빗이요
한강漢江의 푸른물ㅅ결 쓴침 업시 흐르건만
너이는 어드런 일로 무덤길만 오느뇨.

쏘[4]

네 넉시 꼿이 되어 네 무덤에 피엿다가
그 아래 길 잇스니 길 가는 이 보여주라.
그리고 아무 손에나 쌧겨간들 어쩌리.

즉경卽景[4]

나제는 매암이 밤에는 귀뚤암이
저 둘이 번을 이어 요란하게 우는지라
호올로 누어 잇서도 외론 줄은 몰나아라.

만감慢感[4]

춘혀 끗헤 제비 삿기 어이 하여 자랏는고
마당ㅅ가에 꼿포귀도 거저 되든 아닛건만
사람은 제 잘나아서 절로 큰 줄 알더라.

야기회우夜起懷友[5]

번갯불 번쩍번쩍 울엣소리 울응울응
소락비 한 줄금 주루루 지나갈 제
밤ㅅ잠은 더 아니 오고 님 생각만 나노매라.

5 『時代日報』, 1925. 6. 8.

평화平和[6]

아기는 잠을 깨어 벙글벙글 웃는고야
산듯한 아츰 볏이 책상 우로 비추이며
저 병에 금붕어조차 깃븐 듯이 놀더라.

쏫[6]

쏫을 보고 못 사 가저 아이야 우지 마라.
쏫이야 조흔 줄을 뉘라서 모르랴만
이 중에 여러 사람이 줄이고야 어이하리.

6 『時代日報』, 1925. 7. 1.

태극정太極亭(창덕궁비원昌德宮秘苑)[6]

늙은 솔 저 놉흔 가지에 두름이 훨훨 춤을 추고
옥류천 은윽한 골에 물은 졸졸 흐르는데
호올로 비인 정자만 네런 듯이 서 잇더라.

열무정閱武亭(同上)[6]

산山 미테 정자亭子 잇고 정자亭子 압헤 련못이라.
여러 신하 더리시고 이곳에 노니실 제
저가튼 부용芙蓉꽃들도 반기는 듯하엿스리.

인왕산仁旺山 저믄날[7]

불가튼 저 날ㅅ빗은 힘업시 기우는데
서늘한 바람결은 어데로서 흘너오노.
더위도 할 길 업서 밀려가고 마는구나.

그늘진 기픈 골에 검은 빗치 도다나고
저녁 연긔는 푸른 수페 엉겻서라.
나들이 가는 새들도 집을 차저 드노매라.

저 언덕 하얀 것을 모래로만 녀겻더니
그 알에 시내로서 고운 각시 나오더니
낫나치 광우리 안에 주어 이고 가더라.

푸른 하늘 태우는 듯 저녁 붉새 이노매라.
쌘족집 류리창은 눈부시게 반작이고
어데서 쇠북소리는 울엉울엉 오노매라.

가파른 이 산ㅅ길에 날조차 저므른데
늙으신 저 손님은 어데메로 가시는고
집팽이 이끄는 소리에 밧분 줄은 아노라.

---

7 『東亞日報』, 1925. 7. 3.

돌ㅅ사이 맑은 새암 이 아니 약수藥水인가
오락가락 하는 사람 끗힐 적이 업서라.
그리도 험하든 길이 반들언이 달핫서라.

경회루慶會樓 연못 안에 물ㅅ결은 고울세라.
웃고 잇는 련꽃 새로 금링어만 뛰노누나.
버들도 흐늘거리며 님을 그려 하더라.

석조전石造殿 드노픈 집이 시름업시 서 잇는데
거미는 줄을 매고 오락가락하다가
잇다금 지나는 나비를 엿보는 듯하더라.

평화平和[7]

아기는 잠을 깨여 벙글벙글 웃는고나
산듯한 아츰 볏치 책상 우로 비최이며
저 병에 금붕어조차 깃븐 듯이 노닐더라.

망월望月[7]

오랫만에 비 그치고 구름 거친 저 하늘에
두렷이 뜨는 달을 반기고 보랴할 제
어대서 검은 구름이 다시 모여 드노매라.

소년행少年行[7]

히고도 야윈 얼골 저 어인 소년少年인고
하이카라 새 모양을 봄바람에 드날치며
일삼어 미인美人다리고 꽃구경만 단이더라.

종묘宗廟 숩[8] (사설시조辭說時調)

인왕산仁王山 머리에 해는 기울을 제
고래등가튼 기아집 검은 바다 저 건너
부여케 두른 선線이 회 바른 담이고
담 넘어 산山과 가치 검어 우뚝 솟은 것은
그 아니 숩인가 가마귀는 날어들도다.
몃 백 년百年 묵어오든 아람들이 나무조차
모진 비바람 쓰테 삭어지고 마는구야.
흐르는 눈물이 두 뺨을 적시건만
님이어 이런 줄이나 아시는가 하노라.

청천晴天[8]

록음과 한 비친 녀름의 저 한울
더위에 취한 듯 붉어튼 얼굴을
바람이 비를 몰아다 시처주고 지나더라.

---

8 『東亞日報』, 1925. 7. 8.

쏘[8]

저물은 한울에 구름은 거치도다.
서늘바람 마지하며 발을 것고 서 잇더니
별들은 새 눈을 쓰고 반작반작 하더라.

만감慢感[9]

구리 불려 금金이 되며 돌을 간들 옥玉이랴만
제마다 무어인 줄 애적에야 어이 알리.
이 아니 금옥金玉일망정 달워볼가 하노라.

님[9]

자나 깨나 어느 때에 못 이즐손 우리 님을
보면 별일 업것마는 아니 보면 보고지고
두어라 이런 줄이야 뉘 아실가 하노라.

9 『時代日報』, 1925. 7. 13.

동경憧憬 살별[9]

녯님이 그리울 제 녹음綠陰은 깁헛서라.
벗 업는 앏음이어 눈물만 어리노나.
새벽이 북北에 붉으니 게 계신가 하노라.

봉천행奉天行(九章)(구고중舊稿中에서)[10]

청천강淸川江

청천강淸川江 푸른 물은 녜런 듯이 흐르도다.
백만 수군百萬隋軍 흘린 피야 하마 시처젓스련만
지금도 비린 내암새 피우는 듯하더라.

압록강鴨綠江

번번한 강江ㅅ물이 한울에 다핫는데
돗 달은 저 배는 어데메로 가는고
잇다금 맑은 바람은 소리 업시 지나더라.

10 『東亞日報』, 1925. 7. 19.

또

자는 듯한 저녁 물에 반작반작 하는 것이
별이냐 달이냐 고기 잡는 불비치냐
드노픈 저 언덕 우에 뎐긔등만 벌엇서라.

압록강鴨綠江 건너서

철교鐵橋만 건너서도 고국故國이 그리워라.
밤은 기퍼지고 차車는 달어가는구야.
호인胡人의 혀 구즌 소리는 졸음조차 깨우더라.

봉황성鳳凰城

안시성安市城이 어데멘지 아는 이 뉘이신고
욱어진 풀 언덕에 소는 홀로 누어 잇고
구름이 열리는 고데 봉황산鳳凰山만 보이더라.

심양瀋陽

강낭이 수수밧 가림 업시 열인 들에
검인 빗 산과 가치 수피 우뚝 솟아 잇고
그 여페 감읏감읏한 것은 마을집이라 하더라(續).

봉천행奉天行(九章)(續)[11]

심양瀋陽

우리 등걸(조상) 사든 터야 어느 곳이 아닐느뇨.
풀 언덕 가을 바람 쓸쓸도 하올시고
시드는 야국화들도 님자 업서 하더라.

또

사자獅子는 잠을 자 사슴은 놀고 잇다.
이곳을 버려두고 치우蚩尤야 어데 간노.
또 다시 풍운風雲만 일면 네 어들가 하노라.

또

한 손에 칼을 쥐고 두 눈을 부릅뜨고
사람을 놀래이든 김장군金將軍(응서應瑞)의 죽엄터이
저 늙은 버드나무 미테나 아닐런가 하노라.

11 『東亞日報』, 1925. 7. 20.

셋재 아우 여흰 한 돌(三章)[11]

늙어가는 한 낭구에 자라나든 여덜 가지
구즌비 모진 바람 다 가치 겻거오다
그늘도 어울지 못하여 가지 하나 꺾기도다.

또

놀기도 한 고데 자기도 한 고데
더벅머리 서로 잡고 접시밥을 타투든 일
지금도 눈에 비최어 보이난 듯하여라.

또

너 여흰 그날부터 슬허하는 이내 마음
그리운 생각이야 어느 날에 아니랴만
갓득이 오늘날에는 못 견디어 하노라.

추도 이수영군追悼李壽永君(三章)[11]

어버이 다 여히고 남어 잇는 한 몸동이
헤넓은 이 누리에 의지할 곳 바이 업다.
그렁성 스므남은 해 눈물지워 보냇서라.

또

지난 봄 꼿 날릴 제 서로 한 번 갈린 뒤에
소식은 못 들어도 잘 잇느니 하엿더니
그 날이 영 리별인 줄 알고 다시 우노라.

또

머나먼 다른 고데 병들어 누엇스니
내 손에 물 한 목음 주어나 보앗스리
명이라 어이리마는 못내 슯허 하노라.

큰물(八章)[12]

살가튼 빗발이 쓰힘 업시 나리도다.
물소리에 밤을 새고 문을 나서 바라보니
푸르든 물 한 바닥이 힌 바다를 일웟더라.

쏘

산덤이 가치 놉흔 물결 굼실굼실 밀려 오며
나무씃은 나풀나풀 집이 둥둥 쪄나가고
사람아 날 살리란 소리 이 저 고데 나더라.

쏘

매여 잇든 나룻배도 어데메로 딜어가고
게 잇든 사공조차 간 고들 모를세라.
빈 손만 쥐이고 서서 내 못 건너 하노라.

12 『東亞日報』, 1925. 7. 21.

또

성낸듯 저 물ㅅ결이 굽이처 흐를을 제
사람도 휩쓸려 검어히뜩 번득인다.
배조차 못 저을세라 보고 울뿐이더라.

또

쎠 가는 지붕에서 사나흘채 굶엇는데
아기는 젓을 물고 보채기만 하는구려.
자우만 흐르는 눈물 빗물보다 더햇소라.

또

물에 잠긴 이내 몸을 건저주니 고맙소만
여러 식구 다 여히고 나 홀로 남엇스니
찰하리 저 물 속에서 죽음만도 못 하옵네.

쏘

가물다 비가 오니 깃브게만 녀겻러니
짬 흘러 갈엇든 걸 한물에 다 쓸어 가고
그 고데 하얏 모래만 가득 싸혀 잇더라.

쏘

가물어 지난 해엔 못 심어 못 먹을터니
올해는 장마라 심어도 못 먹는구야.
어씨타 한울님조차 못 살게만 하시느뇨.

만감 漫感[13]

한 가지에 피인 꼿도 보는 이 딸어 다르도다.
웃는 이도 잇지마는 우는 이도 잇슬세라
제마다 마음 간 대로 조츨밧게 업서라.

13 『東亞日報』, 1925. 8. 1.

어느 벗에게[14]

쏘 다시 고운 손ㅅ길 어느 날에 잡어 보리.
그 손에 드신 붓은 거저 두들 아녓스리.
그려논 조흔 경일랑 홀로 보든 마옵소.

고苦[14]

긴긴 날 불가튼 볏태 하 몹시 복길러니
저녁에 달만 봐도 더운 생각 나는구야.
갓득이 주린 모긔는 배를 채러 드러라.

우야雨夜[14]

쏠(瀑布)가튼 락수ㅅ물에 쓸알에 솔(潭)이로다.
개구리는 차저들어 밤 새도록 우는구야.
산과 물 조흔 고장에 가 잇는 듯하여라.

---

14 『東亞日報』, 1925. 8. 8.

평양십영 平壤十詠[15]

번번한 강ㅅ가에 모래만 싸혓스니
님의 사시는 터를 차저도 모를세라.
달하진 기아쪽 어더 누가 안다 하는고.

달하진 기아쪽은 발 끄테 차이는데
시드는 풀이피 옷깃에 부드친다.
저믄 날 이는 연긔도 내 시름만 도우더라.

이 조흔 산천이 네와도 다르건만
을밀대 너는 홀로 상긔 남아 서있스니
그 모진 바람이라도 어이할 줄 잇스랴.

모란꼿 한 송이 대동강 물에 밀려
피랴다 못다 피고 모란봉이 되단 말가.
아마도 산이 아니라 꼬츨 본 듯하여라.

아페는 릉라도 뒤에는 모란봉
맑은 강 우에 솟아 있는 부벽루
하다가 달이나 밝은 밤이면 백옥룬들 더하랴.

15 『朝鮮日報』, 1925. 10. 27.

청류벽 지어서서 릉라도 바라보니
시드는 버들 알에에 빈 배만 매어 있네.
사람이 아니 놀으니 내나 놀가 하노라.

꼿 피는 봄이나 더웁든 녀름날엔
이 강에 뱃놀이 밤나즐 이을러니
지금에 고기잡이만 오락가락 하더라.

니름만 돌에 사겨 천추에 전하려나
청류벽 물어보니 제마다 명인일네.
때마즌 단풍 가지는 곱살이도 붉엇더라.

밤은 어두운데 강ㅅ가에 나섯더니
불빗에 물ㅅ결 이고 배는 아니 보이는데
어데서 사람소리만 들리는 듯하더라.

풀 거츤 널운 들에 숫없는 길이로다.
내 아니 밧븨 간들 누가 나를 기다리랴.
오날은 찬 비 나리리니 쉬어 갈가 하노라.

앓흐면서 어버이 생각[16]

하잔튼 이내 병이 나날이 더하고야.
간여린 팔과 달이 쌔만 남아 보이노니
이 모양 아니 보심이 찰코 날가 하노라.

어느날 날로 하여 마음을 노흐시리.
병들어 죽네사네 행혀나 알릴세라.
가막이 소리만 들어도 놀래실 듯하여라.

눈 오고 바람 찬데 더구나 늙으신 몸이
밤마다 정화수 노코 빌어주심 생각하면
살뜰이 늣기는 마음 쌔ㅅ속싸지 절이노라.

나를 누라 사랑할고 기나긴 병 지나보라.
안해 비록 어질어도 얼마 아녀 슬타하리.
끗끗내 사랑하심은 어이밧게 업소라.

남들도 날 가트면 아들 두어 조타 하리.
효도야 못할망정 괴롭게나 마올 것이
나일래 태우신 가슴 얼마인 줄 몰라라.

16 『朝鮮文壇』 16호, 1926. 5.

시조 삼장 時調三章[17]

하 그리 오든 비도 그칠 날이 잇네그려.
구름은 벗어지고 맑아타 저 한울이.
시름만 벗을 양이면 내 마음도 저러리.

바람도 없건마는 오날은 선선하이
가을이 벌서라면 녀름 보냄 섭섭하리.
그대여 괴롭든 더위도 고마운 줄 알게나.

비 뒤에 맑은 홍을 저이도 겨우는 듯
밀잠자리 춤을 추고 쓰르람이 놀애할 제
이건들 아니 조흐랴 그려두고 보면은.

17 『新民』 16호, 1926. 8.

부여행扶餘行[18]

백제왕릉百濟王陵에서

지하地下에 가신 님을 차즌들 보랴마는
계시든 고디라니 흙내라도 마타 보려
나제도 촉불을 혀어 기픈 굴을 드나니.

금金도 은銀도 구슬도 님의 쓰시든 그릇도
용龍이나 거북도 다 어데로 가앗는고.
천벽天壁에 비운연화飛雲蓮花만 새론 듯이 보이어라.

부소산扶蘇山에서

아츰의 경景이나 보려 부소산扶蘇山 올라서니
영월대迎月臺 송월대送月臺에 풀 이슬만 반작인다.
고목古木에 짓는 가막이 너도 네를 그리느니.

18 『東亞日報』, 1926. 11. 5.

밤 든 서울[19]

밤이 든 이 서울도 침침한 골이로다.
별이나 등으로야 다 그리 밝힐느냐.
찰아리 초라한 불이나 안 보이니 다행이랴.

연극장 나팔소리 전차 자동차ㅅ소리
료리ㅅ집 장고ㅅ소리 예서제서 나는도다.
간여린 오막살이의 울음 웃음 소리조차.

19 『朝鮮日報』, 1926. 11. 24.

새해에[20]

궂은 일 머흔 일이 많고 많든 해일새라.
하루 밭븨 지나기를 아니 바랄 뉘 있으랴.
손곱아 지나는 해를 헤어보니 다 그러이.

한울에 반작인 별 손에야 잡히랴만
그래도 어린 맘에 떨어질가 바라거든
하믈며 사람의 일도 못 할 것이 업거니.

초라한 오막살이 언제나 한 모양을
험한 굴헝으로 몰키기만 하는 것가.
아마도 새 힘을 내야 새로 산다 하려니.

---

20 『朝鮮日報』, 1927. 1. 2.

한글 기림[21]

아름다운 우리 소리 잘 된 우리 글이어.
글이란 글에도 으뜸인 우리 글이어.
남나라 사람들 좇아 못내 기려함이어.

구슬을 가지고도 보배론 줄 몰었든가.
칼은 감춰 두고 녹만 슬게 하였든가.
이제야 값이 높은 줄 알고 어이 버리랴.

어둡든 밤이 가고 엇득 새벽 되었도다.
우리 글 동산에서 빛구름이 일어난다.
동무야 잠을 깨어라 새봄빛을 보리라.

21 『한글』(동인지) 1권 1호, 1927. 2.

××군君에게[22]

한 일에 뜻 다르면 지척인들 갓갑다리.
두 몸이 한맘이면 천만린들 머다 하리.
멀어도 머잔은 곳에 계시온 듯하여라.

잇다금 바람결에 기침소리 들리는 듯
스르르 눈 감으면 그림자 보이다가
손주어 잡으려할 제 슬어진 듯하여라.

살들이 사랑하심 가득이 실린 글ㅅ발
어린 이 마음을 일깨워 주심인 줄
밧들어 보는 때마다 깁히깁히 늣기노라.

22 『新民』 30호, 1927. 2.

소루장이[23]

동토만 아니 난다면 성황나무 못 잘랐으며
련화대 아니 갈 배야 부처님을 뉘 모시리.
보아라 공자의 사당도 허니 마니 않는가.

서시 양귀비 않 났은들 절대가인 업었으며
리두 문장 아니언들 좋은 글ㅅ귀 업으랴만
그일래 재자가인이 니름 없이 다 늙어라.

모란꽃 해당화만 곱다고 하지 마라.
지초 란초만 귀엽다 하지 마라.
엉겅퀴 소루장이도 다 그대로 좋으리.

23 『朝鮮日報』, 1927. 2. 19.

고향으로 돌아 돌아갑시다[24]

강남 갔든 제비도
집을 찾어 오고
묵은 남기 꼿 피는
봄은 봄으로 돌아옵니다.
우리도 우리 고향으로
돌아가아 봅시다.

고향을 돌아간대야
반길 이 뉘 있을까만
쑥대밭 같은 녯 터에
장치는 독갑이 떼도
우리 돌아가야만
슬어질까 합니다.

그러나 님은 아시리다.
제게 무엇이 있으리까.
울기나 하려도
소리 낼 힘이나 있으리까.
빩안한 몸둥이 밖에
받힐 것이 없소이다.

---

24 『東光』 2권 3호, 1927. 3.

탈[假面][25]

집을 짓는다니 제마다 지을 것가.
허분한 모래톱에 둥실어케 세운다세.
바람이 휘젓는 날이면 그림자도 못 보리.

아무튼 곱게스리 남에게 보이리라.
곱잔흔 그 얼굴에 단장은 되우 한들
쓰고도 못 보는 눈에나 어엿브다 할는지.

가사袈裟 닙은 저 기생이 춤을 추니 승무僧舞랄가
헐업시 긴 자락만 너울너울 하지마는
마을집 어미네들도 춤을 춘다 하여라.

일삼어 헷갑이들 웨 그리 기리는고
한울로 올려 세다 굴헝에 나려트려
제마다 새우는 마음 서로 긋지 아녀라.

말쌔도 천 년 묵으면 고물로 위하건마는
설흔이 못다 되어 곤때만 가실 양이면
사람이 사람을 버려 밉다 슬타 하느니.

---

25 『別乾坤』2권 3호. 1927. 3.

구슬을 차고나매 돌만도 못 녀기더니
신 털은 몬지라도 비단으로 싸고 싸며
은가루 금가루인가 하는 이도 만흐이.

봄의 마을ㅅ집[26]

닭의 장 열쩔이고
모이를 뿌리치니
병아리 삐악삐악
어미는 꼭꼭꼭꼭
마당에 소리개 그림자
얼은얼은 거린다.

무 배추 콩자리 밧에
히게 노라케 꼿이 핀다.
노랑나비 힌나비
너울너울 날어 들어
꼿에서 꼿으로 꼿으로
이리저리 난다 난다.

뒤엄 썩는 내가
코를 찌를 제에도
향유나 향수 내처럼
애틋하게 녀기야만
논밧의 밀 보리들이
춤을 추고 일어나네.

---

26 『別乾坤』2권 4호, 1927. 4.

새 풀이 자라난다
볏바른 들 언덕에.
암소 누어 아귀 사기고
송아지 굽놀며 뛰어단인다.
하얏게 머리 센 늙은이
그 엽에 안저 조는구나.

나물—나물—푸성개나물
주리든 배 채워주는—
이 봄 한철은 이걸로나 살으렷다.
산에나 들에 나가서
마음대로 캐는 나물.

먹을 것 아니준다
보채든 아이들도
울곳방곳 케러 가기
버들 썩어 희쩨기 불기
새우나 가재를 잡기
이래저래 잘도 논다.

아가씨와 개나리[27]

아가씨와 개나리 담 넘어서 보인다.
반기고 웃는 양자 뉘 아니 그리우랴.
유달리 조흔 봄ㅅ빗을 가졋다서 그러랴.

아가씨 노란 저구리 벗어 누를 주랴거든
개나리 노란 꼿가지 썩거 나를 주게나.
그게나 비인 화병에 꼬자 노코 보랴네.

27 『朝鮮日報』, 1927. 4. 14.

봄의 서울[28]

이 산 저 산 바위 틈에 얼음도 다 녹아서
하얀 선 하얀 점이 유리 가티 반작일 제
한강수 푸른 물ㅅ결이 힘 잇게도 흐르노나.

쓸쓸하든 동산에서 가지가지 꼬치 핀다.
찬바람 불어들어 꼿새암 하자 한들
봄벼티 비치는 데야 제 얼마나 겨르리.

노랑이 밝앙이 히고 파란 작은 점 굵은 점이
여긔 저긔에 연지처럼 쏙쏙 찍혀
오백 년 낡은 얼골이 새로 고워지려나.

성 안에 성 밧게 꼬치 피어 가득하다.
거리나 개천이나 바람도 허긔로워라.
노니는 나비나 쌀아 춤을 추어 볼거나.

근정전 돌마당에 풀이야 나든 마든
오들막 움막에도 님의 무덤 우에도
새로운 봄ㅅ비치 나니 그 아니들 조흐랴.

---

28 『新民』 25호, 1927. 5.

성하든 오얏나무 거의 다 삭어지고
한양성 낡은 터에 벗지꼬치 한철일네.
동무여 벗나무 알에서 봄놀이나 하려나.

새벽길[29]

밤에 못 걸은 길을 새벽에나 걸으리라.
잘 잠을 다 자고야 밧븐 일 어이 하리.
남이야 가든 마든가 내 갈 대로 가리라.

마을 닭이 운들 잠든 서울 깨우드냐.
담 미테 실개천도 졸졸 잘잘 흐르건만
뉘 그리 귀를 기울여 들어줄 이 잇느냐.

가개ㅅ문 열린 대로 저자 보러 가는 이도
물지게 흔들흔들 비틀 걸음 하는 이도
새벽의 길동무 되여 간데 족족 짜르노나.

29 『別乾坤』 2권 5호, 1927. 7.

으스름 달밤[30]

하얀 구름을 타고 졸며 가는 저 달 알에서
나는 그립어하는 그이를 맛나보려
모처럼 이날 밤에야 이 거리로 나오나니.

벼테도 아니 쓸이는 고운 이 얼골을
아무도 아니 보인 새로한 이 단장을
다만 내 그립어하는 그이게만 보이련다.

밤은 쓸쓸도 하다 녜ㅅ무덤과 갓티
산과 언덕과 나무들은 어둠과 검음에 물들고
거리와 거리에서는 몬지들도 잠을 잔다.

나는 이러한 밤에 이러케 와 기다리건만
그는 이제도 아니 오기 그저 이 밤을 새워나 볼가.
행여나 새벽에라도 대여 올가 하여.

七. 一三

30 『現代評論』 1권 7호, 1927. 8. 1.

정주행靜州行[31]

운교반雲橋畔에서

서늘바람이 난다 해는 오산筽山을 넘어간다.
더위도 가고 장ㅅ군도 흐터지고 밧매든 아낙네도
풀 뜻든 말이나 소도 다 몰아가고
푸르고 곱든 들빗도 회색灰色으로 변한다.

시드는 외밧 머리에 콩입 팟입 흐늘거리며
파란 반듸ㅅ불을 숨겻다 내노왓다할 제
모긔는 앵앵 놀애를 부르고 한두 마리 날어든다.

늙은 어머니의 지나시든 시름이여.
어둔 밤 외짠 집에 도란거리는 니야기소리.
한울에 반작이는 별이나 고요하게 들어줄가.

불어 하든 남의 일도 알고 보면 다 그러이.
울을가 웃을가 나도 모를 내일이여.
이래도 쉶이나 가트면 깨일 날이 잇스련만.

31 『朝鮮日報』, 1927. 8. 10.

해불암海佛庵에서

해불암海佛庵 오른 뜻은 낙조落照를 보랴ㅅ더니
구름이 깃을 나려 칠산七山바다 가려 있고
별 안은 초사흘 달만 구름 뚫코 나오더라.

연실봉蓮實峰 바위 틈에 바람소리 들리더니
가렸든 저 구름이 살짝이 벗어지며
이제야 칠산七山바다이 아물아물 보이누나.

보이든 그 달빛도 다시는 안 보이고
오마는 그이도 어찌하여 못 오는고
창 밧게 떨어지나니 비ㅅ소리만이로다.

영호暎湖의 배놀이

초생달을 바라보며 바다ㅅ가로 나섯더니
맛추어 두세 벗이 배를 띄어 기다린다.
돗달어 서늘바람에 만 리라도 가고지고.

혈물에 나리든 배가 오르나니 밀물을 짤어
밤은 어두운데 노 젓는 물빗만이
고요한 별들과 가티 위알에서 반작인다.

산이 물을 짤으느냐 물이 산을 짤으느냐.
물 건너 산이오 산 넘어 물이로다.
우리도 이 산수山水가티 서로 짤어 지내고저.

놀애소리 아울러 잔을 들어 권할 적에
고은 손씃마다 듯는 듯한 님의 정에
술이야 마시든 마든 취할 대로 취하누나.

래일 아츰이면 이곳을 써나리라.
첫눈에 보드라도 정들면 고향이라.
하믈며 님이 계시니 놀다 밤을 샐거나.

떠난 뒤

맛날 때 그 마음이 떠난 뒤 어쩌트냐.
남들은 울드라도 우리는 웃고지고.
이 길이 천 리라 한들 머잘 것이 잇스랴.

몸은 주리어도 피땀을 흘리고저.
어린 가슴에도 칼날을 감추고저.
두 손을 놉히 처들어 소리칠 날 잇나니.

콩밧 외밧에서 흐르는 떨안 냄새
저믄 날 산모롱이 굴어오는 초적草笛소리
서울의 거리를 나니 더욱 그려 하노라.

쓰며 지는 달을 피랴다 마는 꼿을
누가 반겨 보랴하노 참아 나는 못 볼러라.
새로이 들랴는 정이 쓰기 더욱 어려워라.

야시(사설시조辭說時調)[32]

날마다 날마다 해만 어슬어슬 지면 종로판에서 싸구려 싸구려ㅅ소리 나누나.

사람들이 쏘다져 나온다. 이 골목 저 골목으로 갓 쓴 이 벙거지 쓴 이 쪽찐 이 싹근 이 어중이 쩌중이 압서거니 뒤서거니 엉긔정긔 홍성스럽게 오락가락한다. 놉드란 간판 달은 납작한 기아집 케케이 싸힌 몬지 속에 묵은 갓망건 족도리 청홍실부티 어리ㅅ가개 여중가리 양화 왜화부티 썩은 비웃 쪄른 굴비 무른 과일 시든 푸성개부티 십 전 이십 전 싸구려 싸구려 부르나니 밤이 깁도록 목이 메이도록

저 남산 골목에 우뚝우뚝 솟은 새 집들을 보라. 몃해 전 조고마한 가개들 아니드냐. 어찌하여 밤마다 싸구려ㅅ소리만 외치느냐. 그나마 찬바람만 나면 군밤장사로 옮기려 하느냐.

---

32 『新民』 29호, 1927. 9.

두견 뒤지기[32]

명일 충청도 금일 경상도 하든 지행 업시 써도는 동무여 어데로들 가려나. 현해탄을 아니 건느면 두만강이나 압록강으로 건너가려나.
저 군대 군함 윤선 긔차 전차 공장 회사 — 어느 것이 하나나 잇느냐. 한때기 바티나 논이 초라한 오들막이나마도 잇느냐. 다만 밝안한 몸만이로다. 흐르나니 눈물과 짬이로다. 이래도 이 짬 이 눈물이 방울방울 듯는 곳마다 향내가 나리라. 아름다운 쏫치 피리라. 영원한 락원이 되리라.
아하 동무여 밝안한 몸으로 어데로들 가려나. 남으로 북으로 가면 가기야 못하랴마는 어데를 간들 게도 쏘한 이러한 인간이 아니랴.

八. 一二.

가을[33]

닙마다 새맛 들어 이제나 배 불릴가
해콩 해쌀밥이 무 배추 절이짐치
이래도 야위는 몸이 쌔만 들어나려나.

가을 든 동산에서 지는 닙 주어들고
얼기설기 얽힌 마음 풀어내어 그리자니
천이나 천만 줄거리 숫도 아니 보이누나.

열매마다 염을 들어 짱에 돌우 나려지고
멀리멀리 써나갓든 기럭이도 오건마는
오셔야 하오실 님은 이 가을도 안 오시나.

33 『新民』 30호, 1927. 10.

사랑하는 XX에게[33]

너를 누가 밉다 하랴 고운 곳만 보거드면.
더구나 사랑워라 쑤미쟌흔 네 얼굴이.
아무리 버리려 해도 나는 너를 짤으리라.

웃음도 울음도 널로 하여 함이어든
소 갈 데 말 갈 데도 누를 위해 가겟느냐.
이런 줄 못 알을사록 더욱 애써 가리라

내 마음 물과 가터 이리저리 흐르건만
별 가튼 너의 눈이 고요히 반작어려
어느 날 어느 고덴들 아니 비쳐 보이랴.

경주慶州를 보고 (一)[34]

반야월半夜月(一)

서울 가나 시골 오나 쓸쓸하다 초라하다.
묺어지는 쓸어지는 초가草家집 기아집이
새로이 새로운 꿈이나 꿔어보려 하려나.

반야월半夜月(二)

풍성한 가을이라 들마다 황금黃金이다.
주리든 물이들도 살이진다 하련마는
새 곡식 쌓아둘 집이 그 얼마나 될거나.

34 『朝鮮日報』, 1927. 10. 7.

반야월半夜月(三)

서리나 눈인들 저 같이 하이하랴.
반야월半夜月 가는 길에 군데군데 메밀꽃이
맑안한 가을 향내를 피울 대로 피우누나.

봉황대鳳凰臺

산山 같은 묻엄마다 욱어진 쎄후애기[억새]
으늑이 울고 우는 버레야 버레들아.
네ㅅ나라 그리운 맘이야 네나 내나 다르랴.

경주慶州를 보고 (二)[35]

월성月城 (一)

벼ㅅ논 콩밭 머리 이 아니 용궁龍宮터랴.
봉덕사奉德寺 쇠북 소리 뎅뎅 울며 굴어올 제
깨우든 꿈의 자최를 이제 또한 보누나.

월성月城 (二)

김장군金將軍 쓰든 칼은 녹이 슬어 없어져도
기아쪽 그린 그림 고대로 흙에 묻혀
밭 매는 호미끝에도 다시 패어 나더라.

35 『朝鮮日報』, 1927. 10. 8.

안압지雁鴨池

동정호 칠백 리洞庭湖七百里 무산 십이봉巫山十二峰이
좋은 줄만 아느냐.
다도해多島海 한 모롱이 안압지雁鴨池를 지어 내어
니르든 봉래선궁蓬萊仙宮도 임해전臨海殿이 아니랴.

문천蚊川

이제도 문천수蚊川水는 흐르고 흐르는구나.
지나는 물ㅅ결마다 씻기나니 님의 자최
하이한 모래만 남어 이리저리 밀리어라.

경주慶州를 보고 (三)[36]

불국사佛國寺

백운교白雲橋 청운교靑雲橋로 밟어드니 자하문紫霞門을
다보탑多寶塔 석가탑釋迦塔이 범영루泛影樓와 높이 솟아
이 몸의 그림자와도 영지影池 안에 빛이려나.

석굴암石窟庵(一)

이밖에 이런 집이 어데에 또 있으랴.
동해東海를 나려 보고 두렷이 솟아나며
아츰의 뜨는 해ㅅ빛이 더욱 환이 보였으리.

36 『朝鮮日報』, 1927. 10. 9.

석굴암石窟庵(二)

꽃으로 보자 하니 어느 꽃이 조타 하랴
미인이라 하기로니 이리도 아름다우랴.
엄전한 부처님들이 말만 아니 하시누나.

석굴암石窟庵(三)

싸홈으로 일을 삼아 날래기만 아니오라
아로사긴 고운 마음 돌과 같이 남었어라.
천년千年이 오래다 하랴 몇천만 년千萬年 까지라도.

경주慶州를 보고(四)[37]

석굴암石窟庵(四)

아마도 아니로다 한 사람의 솜씨만이
헛되이 김대성金大城의 니름만 전하거든
그 뒤에 끈힌다 하여 뉘 니름을 사겼느냐.

토함산吐含山(一)

이 돌틈 바위서리 늘어진 단풍ㅅ가지
오고 가는 사람들의 머리 위로 춤을 추고
골마다 맑은 시내는 졸졸잘잘 울어가네.

37 『朝鮮日報』, 1927. 10. 11.

토함산吐含山(二)

반월성半月城 저 어름이 호공瓠公의 댁이든가.
바라보든 그 날에 님이 여긔 서셨든가.
쓸쓸한 네ㅅ터를 웃고 다시 보노라.

태종 무열왕릉太宗武烈王陵(一)

당천자唐天子 손목 잡어 백제百濟 고려高麗 들붓이고
왕좌王座에 높이 앉어 만민萬民을 호령號令하실 제야
동해東海ㅅ가 어느 도적이 발도 들여 보았스리.

태종 무열왕릉太宗武烈王陵(二)

꿈이라 웃으우랴 깊은 사랑 받었나니
인연이 업다 하랴 서형산西兄山 저 기슭에
다시 와 묻히실 줄을 뉘라 미리 알았으리.

태종 무열왕릉太宗武烈王陵(三)

도막비碑 등에 실은 커드란 돌거북이
엉금엉금 긔어갈 듯 참아도 못 가는가.
풀섶의 낡은 묻엄만 고개 들어 보더라.

섣달 그믐날[38]

백년百年을 사르리라 아즉도 젊다 할가.
천만 리千萬里 길을 걸어 피곤한 몸이랄가.
쯧 두고 못하든 일을 새해로나 바랄가.

새해라 낡은 해라 그 무엇이 다를 것가.
한 일은 업지마는 할 일은 만한지고.
이 몸이 낡어질세라 늣거운 밤 더하이.

38 『新民』 33호, 1928. 1.

퇴경退耕스님께[39]

들에 사지 못해 산으로나 가랏더니
님은 산에서 들로 나려 오시려나.
그러면 우리 갈 곧이 산도 들도 없는 덴가.

구름 같이 내 마음은 한울로나 떠돌래도
다만 발만이 땅에 뜨지 아니해라.
한 걸음 한 걸음 앞으로 나아갈 뿐이어라.

처음 밟어가는 그 길을 새 길이랄가.
몇천 만 발자욱이 케케이 쌓였나니
가는 길 다르다 해도 가고 보면 한 곧이리.

치위도 어둠도 다 가고 봄 새벽이 밝어온다.
산마다 들마다 새 빛이 돋아나고
숨었든 땅버레들도 잠을 깨어 움즉인다.

괴롭게도 기다리든 그 봄이 이제야 오니
멍쿨하든 가슴 안도 스르르 풀리려 한다.
이 가슴 님의 손으로 만지면 그 얼마나 반가우리.

39 『佛敎』 45호, 1928. 3.

꼿 한 가지[40]

나도 모를 일이 눈에 들고 맘에 마저
내 업는 빗 업는 니름 업는 꼿 한 가지
길가에 버려나 둔들 썩글 이도 업스련만.

살뜰이도 굴을 제야 밥이 달랴 쏠이 달랴.
불로 다 덥다가도 얼음가티 식은 뒤에
쓰고도 쓰라린 맛을 아니 본 인 모르리.

넘우나 깁부다고 웃으며 하든 말이
남 달리 미더워라 열의 열 다 알린 일이
돌이어 이러니 저러니 말성인가 하여라.

무엇이 언잔흐냐 엇지 하여 안달이냐.
되로 주고 말로 밧는 오고가는 나의 정이
그리도 남어 뒤지언만 마소겐들 못주느냐.

그리도 밉고 미워 원수가티 보일러니
병들어 누울 제면 죽을가 하든 마음
좀애나 바람만 차도 곳불 들가 하여라.

---

40 『朝鮮日報』, 1928. 3. 30.

제 맘이 괴롭고야 누군들 알 바이랴.
우는 아기에게 밥이나 씹어 줄가.
아무리 성화를 부려도 다 그대로 버려주네.

슬기는 모가 지고 정이란 둥글어라.
구슬처럼 굴려 하고 말음쇠가티 서랴할 제
슬기도 정을 못니겨 휘둘휘둘 하는가.

바라는 일[40]

손발톱 달튼 마든 싸튼 탑이나 다 싸핫스면
한 몸에 두 지게 저도 가든 길이나 다 갓스면
은으로 이내 몸이야 다 버린들 앗가우랴.

돈도 니름도 다 그만두고 이내 뜻이나 일워지이다.
괴로운 백 년보다도 깃부게 하루만 살어지이다.
뜻 일울 그날이 아니면 무얼로 해 살으리까.

보낸 뒤에[40]

글로 못그린 뜻을 말로나 하렸더니
맛나니 또 그대로 가슴만 먹먹하다.
먹먹한 이 가슴만을 아시는가 모르는가.

겨울날 찬바람을 쓸쓸하게 지나다가
님마자 병이 들어 봄도 그저 보내다니
꽃 필 제 시드는 니피 가을로만 아는가.

형은 주려 울고 아우는 병으로 울어
서로 멀고 멀어 소리도 아니 들려
이승은 꿈이 아닌들 저승에나 가서 볼가.

봄[41]

씃흘락 이을락
부슬부슬 나리는 비
얼든 바위틈도
불리고 스며들어
뿌리도 말으든 풀도
닙과 쏫이 피려하네.

움안에 사드라도
봄은 봄이어니
거적문 열고 보면
개나리 쏫이 피어
흰나븨 노랑나븨가
너울너울 날어드네.

봄날 궁궐宮闕 안은
고요도 고요하다.
푸른 버들가지
늘어진 어원御苑ㅅ길에
소복素服한 궁인宮人 하나이
오고 가고 하누나.

41 『東亞日報』, 1928. 4. 19

언덕 밋 새암ㅅ길에
아가씨 저녁물 깃다
물동의 나려 노코
누구를 생각는가.
늘어진 버들가지를
휘어잡고 서 잇서.

만일 그대들 아니면
야시夜市도 아니 되리
저녁 설거지야
누가 하든 마든
새옷을 싹 다려 닙고
아니 가면 안 되리.

밤ㅅ숭이[42]

싸스론 밤ㅅ송이를 누가 조타 하련마는
다른 꼿보다도 나는 홀로 귀여워서
한 가지 화병花瓶에 꼬자 두고두고 보려 하네.

들구경 갓든 길에 청대콩 색거 들고
거리로 돌아오다 말을 맛나 다 주엇네.
입슐을 벌럼거리며 달라함이 사랑워.

옴막집 며누리는 애 배어 배 골하도
커단 집 뒤지 안엔 바구미 살만 지며
첫가을 풋콩밥에나 새맛 날가 한다네.

42 『東亞日報』, 1928. 9. 21.

더듸 온 길[43]

방울소리 달랑달랑 나귀 타고 단이든 길
보쌔라 그늘 속에 몰아 오는 자동차도
나날이 기다린 마음 더듸 온다 하느냐.

행구를 풀어 보라. 무엇이 들엇스랴.
써날 제 너허주든 손ㅅ거울 하나 남어
내 얼굴 비칠 때마다 줄음ㅅ살만 더하다.

험한 길 군대군대 고개를 넘노라니
큰 도적 좀도적 이러저런 만흔 도적
진실로 마음만이나 안 앗으면 다행이다.

43 『東亞日報』, 1928. 9. 26.

앵가鸚哥[44]

앵가鸚哥는 암놈 수놈 파란이 빗도 고워
날마다 서로이 살뜰이도 하는 사랑
언제든 즐거운 소리 나의 귀에 들려주네.

앵가鸚哥는 철망鐵網 안에 사랑의 나라에서
우리의 살음살이 나날이 내다보며
사람은 쓸쓸도 하여 어이 살가 한다네.

앵가鸚哥는 공교로이 사람의 말도 하네.
들으면 듯는 대로 옴기려 하는 마음
거짓이 아니라 하여 속이 업다 하는가.

44 『東亞日報』, 1928. 10. 2.

달[45]

첫가을 늦더위는 녀름보다 더워더워
좀애나 서늘할가 뒤 언덕 올랏더니
저녁달 오스름한이 구름 속에 쩌오른다.

담머리 히뚝히뚝 달 보러 나온 이어.
히히히 소리치며 누구를 웃음인가.
달보다 그대네 얼굴 더 고웁다 하는가.

달은 노피 뜨고 밤은 서늘도 하다.
담 넘어 속운대든 말ㅅ소리도 아니 나고
유심히 들려지나니 버레들의 소리만.

45 『東亞日報』, 1928. 10. 3.

삼개에서[46]

족오만 고개 넘어 정자亭子 하나 차젓더니
산머리 산허리에 다닥다닥 달린 집이
집마다 문을 열으면 강이 아페 흐르네.

물은 쉬임 업시 흘러흘러 가누나.
강 우에 우쑥우쑥 남어 잇는 돌담들이
녯날은 누구누구의 이름 놉든 집이라네.

저녁날 강ㅅ바람은 서늘도 서늘한데
큰 배는 나려가고 작은 배 올라오며
힌 돗대 누른 돗대는 배가 불러 비겨 잇네.

왼 강물 다 더프며 써 오는 나무토막
수레마다 가득 실려 성안으로 들어오네.
액구즌 마소들이야 살질 날이 잇는가.

전차電車는 가다 말고 사람들이 모여드네.
수레 쓰든 늙은 말이 궤도軌道 위에 눠워 잇서
목 매어 잡어단여도 일어 아니 나려 하네.

---

46 『東亞日報』, 1928. 10. 5.

비 뒤에[47]

와도 반가운 비 개어도 반가운 비
뜰 위에 매화ㅅ가지 바람에 하늘하늘
이슬은 방울방울이 반작반작하누나.

흰 구름 해를 싸 돌고 바람은 발 새로 든다.
살뜰도 하다 비 뒤에 서늘바람
낡은 이 책상 위에도 새론 향내 도는구야.

마당에 노든 노마 흙 무든 손과 발로
안기려 대어들며 보든 책 빼어치네.
날마다 비나 왓스면 노마 홀로 조하하리.

47 『東亞日報』, 1928. 10. 14.

백제왕릉百濟王陵 야국화野菊花[48]

만가을 널운 들에 피어 잇는 야국화野菊花야
가다가 돌아보면 그림자나 짤으랴만
길 언덕 군대군대에 너는 그리 반기누나.

국화菊花 조흔 꼿치 야국화野菊花 더욱 조타
야국화野菊花 울을 삼아 일생一生을 보내다가
이 몸도 야국화野菊花 바테 무치고저 하노라.

---

48 『東亞日報』, 1928. 11. 25. '泗沘城을 찾는 길에(3회)'(기행문) 속 수록

비[49]

가물이 괴롤러니 반갑다 비 듯는 소리.
콩 열마 벼 열마 알알이 부르려니
주리고 주리든 배도 이 갈에나 불릴는가.

건너 마을 안의 거드름 하는 이는
배나 얼굴은 유달리 두터워도
고기라 맛이 업는가 그륵그륵 하기만.

서울이 집이 업서 거리에 나안즌 이
밤이면 별이나 이마 위로 비치더니
오날은 밤이 깁도록 비나 아니 젓는가.

밤은 새려 한다. 비야 줄줄 나려라.
검은 물ㅅ결이 산과 들을 휩쓴다면
모래텁 군데군데에 해말 비처 조흐리.

---

49 『朝鮮詩壇』1호, 1928. 11.

삼계동三溪洞[49]

오늘날 삼계동三溪洞은 주인主人이 누구런가.
녀름 저녁달 으스름한 숩 속에서
물 소리 맴이 소리만 고요히도 들리누나.

야튼 저녁 벼튼 산머리로 옴겨간다.
자진 솔밧 넘어 성벽城壁은 히미한데
북악北岳의 푸른 봉오리 홀로 우뚝 서 잇구나.

목화木花밧 콩밧머리 좁은 길 들어가다
광정이 돔부넌출 발이 족족 걸리는데
밧 매든 젊은 어미네 호미 노코 돌아서네.

피아노 소리[50]

一

책을 보다가도 밤은 깊어 고요하면
이승의 갈 길을 이리저리 그려보다
끝없는 사랑의 나라를 꿈도 꿔어 보았네.

달과 별을 땊아 한울로도 울라보고
구름을 타고 선녀仙女와도 같이 놀아
가늚 목 고운 소리로 즐겁게도 놀애하네.

인간人間이 어데멘지 괴로움을 누가 알리.
꽃이나 흩을어 공중空中에 흩날리면
하이한 비들기들이 서로 땊아 날으네.

二

날마다 단장하고 거리로 나노라면
천이나 만의 눈이 맞우쳐 뵈건마는
보려든 그 사람만은 아니 아니 보이네.

꽃이 피는 곧이 나비 아니 찾아오며

50 『新生』 1권 3호, 1928. 12.

알을 낳은 새가 보금자리 없으랴만
가지를 고르고 곪아 깃들이려 아니하랴.

보아도 모를 것이 검은 듯 하얂 빛이
들어도 모를 것이 흐린 듯 맑은 소리
하물며 듯도 보도 못하는 그 안이야 어떨리.

三

번질한 그 얼굴이 번덕이는 비단옷이
그 마음보다도 마침내 눈에 들어
그곧이 동東이라 서西라 가는 대로 땋으네.

발을 헛드듸어 굴헝에 빠진다면
몸을 허우적거려 나오려 하련마는
지옥地獄엔 살으면서도 천당天堂으로 아는가.

들어 있는 보금자리 그 얼마나 따뜻하랴.
왼 숲을 휩쓸으며 몰아오는 모진 바람
어느 님 힘을 빌을다 막을 길이 있으랴.

四

아기 우는 소리 피아노 타는 소리
되풀이 하는 큰어미의 잛소리
뒤 언덕 나무에서는 가마귀도 우는 소리.

뒤 언덕 나무에서 가마귀 우는 소리보다
작은 집에서 피아노 타는 소리
언제든 그네의 귀엔 괴롭게만 들리네.

웃는 듯하면서도 가슴엔 칼을 품어
컴컴한 밤ㅅ중 아무도 모르는 곧에
단둘이 고요하게도 맞나기만 기다리네.

겨울밤[51]

겨을의 서울ㅅ밤은 고요도 잠잠하다.
종묘宗廟 숩 이울더니 바람도 잠을 자나
창경원昌慶苑 늙은 두루미 홀로 우는 소리네.

얼음 위에 누워서도 잠이야 자련마는
소리도 업는 울음 들을 줄을 안다 하면
밤마다 흐르는 눈물 배개 아니 젓으랴.

삶이 죄라 하면 죽엄이 올흘거나.
그래도 산다 하면 무엇을 바랄거나.
오랴는 새론 봄빗이 꿈속에서 보이네.

이 생각 저 생각이 돌이어 부즈럽다.
한 걸음 또 한 걸음 나아만 가자 하니
진 데나 마른 데 보아 밤길이라 아니 가랴.

---

51 『東亞日報』, 1928. 12. 9.

겨울새벽[52]

겨울 새벽날은 쌀쌀도 하다마는
듬북이 싸힌 눈엔 오히려 평화롭네.
지난 밤 바람소리도 요란하게 나드니.

새벽마다 늙은 어멈 행부를 나아가네.
어미 업는 어린 손주 배곱하 울며 불고
령감은 골으롱골으롱 병이 들어 누웠네.

눈구멍 새벽마다 바람도 참도 차네.
널운 세상보다 좁은 움이 다숩다며
헐벗고 주리는 동무 봄 오기만 기다리네.

52 『新民』 45호, 1929. 1.

매화梅花[53]

나즌 첨아라도 벼티 매양 비처들어
낡은 분 위에 매화梅花는 피려 하네.
해 갈어 다르랴만은 볼 제마다 새로워.

쓸쓸한 겨을날을 시름으로 보낼러니
매화梅花꼿 한 송이에 봄나라를 보여 주네.
이 몸은 나비가 되여 깨어 보니 꿈이라네.

수선화水仙花[53]

매화梅花 붕오리는 밝안한 입술 가티
수선화水仙 숙은 송이 아양스런 얼굴 가티
으늑이 피우는 향내 쏘한 누와 가트리.

국화菊花 시든 뒤에 유자柚子 또한 마르더니
수선화水仙花 피어나며 유달리도 아름다워
고요히 그리려다가 밤을 그저 새우네.

---

53 『別乾坤』 4권 2호, 1929. 2.

남산南山의 사시四時[54]

남산南山도 어이 못해 예와는 다르건만
저 높은 바위 틈에 진달래꽃 한 가지
봄마다 한 모양으로 피고지고 하누나.

두어 주株 느티나무 국사당國祠堂이 여길러니
새로이 짙은 그늘 고요한 여름날에
꾀꼴이 예런 양하여 가지마다 노니네.

사꾸라 닢이 지고 도리이 솟아나네.
남산南山골 게다소리 저리도 들레이나.
찬바람 소매에 드니 서리칠 날 머잖네.

남산南山의 노송老松나무 몇몇 풍상風霜 겪었느냐.
저도록 푸른 마음 눈 속엔들 살아지랴.
내 또한 님을 위하여 천년수千年壽를 비옵네.

54 『新生』 2권 6호, 1929. 6.

감우甘雨[55]

모종의 오뉴월은 가믈과 더위러니
시원한 비 한 번에 만인萬人이 웃음이네.
마르든 삼천리三千里 안의 산山도 들도 다 웃네.

다만 비ㅅ소리에 저녁은 고요하다.
어느 때 날어왓다 실엉에 안즌 제비.
고개를 자욱어리며 저즌 깃을 다듬네.

비는 오다마다 구름은 모여들고
잇다금 왜가리는 남南으로 날어가네.
장마나 아닌가 하며 다시 한울 바라보네.

오늘 신문新聞에도 비 온다는 이야기네.
한울이 비만 주어 사람이 산다 하면
날마다 두 손을 들어 비 오기나 바라리.

모긔는 한 두 마리 전등電燈에 부드치고
뷔인 마루 위에 괴앙이 자욱이네.
누워도 잠이나 오랴 내 무엇이 그립어.

55 『東亞日報』, 1929. 7. 4.

저므는 가을[56]

저므는 이 가을을 산山으로 차젓더니
우수수 떨어지며 밟히는 나무닙도
불상한 동무와 가티 슬어 우는 소리네.

검읏한 바위틈에 밝안한 단풍丹楓ㅅ가지
삼각산三角山 봉오리마다 석양夕陽이 비치는데
은은히 어느 골에서 종鍾소리가 들리네.

들마다 느즌 가을 찬바람이 움즉이네.
벼이삭 수수이삭 으슬으슬 속살이고
밧머리 해그림자도 밧븐듯이 가누나.

베어내고 뽑아내고 또 무엇을 패어내나.
시퍼런 광이ㅅ날이 가을 벼테 반작이며
이제야 웃음소리가 들로부터 나오네.

무 배추 밧머리에 바구니 던저두고
젓먹는 어린아이 안고 안즌 어미 마음
늣가을 저믄 날에도 밧븐 줄을 모르네.

---

56 『東亞日報』, 1929. 10. 26.

가을[57]

새로운 가을을 차저 처음 오는 길이언만
향긔론 산山과 들이 곳곳마다 고향故鄕이네.
모르든 마을 아희도 나를 보고 반기네.

들마다 마을 압헤 아름다운 화단花壇이네.
천千 숑이 만萬 숑이 야국野菊이 웃는 길에
검숑이 쁨어숑이도 나와 서서 다 웃네.

시드는 풀 언덕의 아름다운 가을이여.
야국화野菊花 꺽거들고 이리저리 어정이다
술 업시 취하는 마음 깨는 즐을 모르네.

57 『朝鮮日報』, 1929. 10. 26.

백의송白衣頌[58]

여름의 고운 비츤 조선의 흰옷이네.
곳마다 록음 속에 백합화白合花와 한 비치며
쏘이는 벼틀 바더도 서늘하여 보이네.

서울 달 밝은 밤애 거리를 나서보면
하얀 옷 하얀 얼굴 그 얼마나 아름다리.
그린들 어느 화공畫工이 그와 가티 할소냐.

곱드란 산山과 물이 웃는 듯 평화平和로워
조선의 그 마음도 흰옷과 가틀세라.
안이나 거츠로 보아 다르실 이 뉘런가.

바람을 거스르며 긴 깃을 너울거려
맘대로 저 한울에 날으는 두루미 가티
언제나 흰옷도 비치 나게 번적어려 볼거나.

날마다 그리는 님 언제 오마 하시든가.
신혼新婚날 바더 두고 기다리는 마음 가티
무단히 켱기어지며 남 모르게 깃버하네.

58 『評論』1권 1호, 1929. 11.

옥잠화玉簪花[59]

갈 들어 보랴 하든 국화菊花는 시들어라.
피우는 맑은 향내 한 떨기 옥잠화玉簪花를
날마다 내 옆에 두고 떠날 마음 없노라.

박넌출 호박넌출 얽혀 있는 울타리에
안악네 빨래 걷어 광우리 던저 두고
지는 해 먼 산머리를 바라보고 서있네.

59 『新生』2권 12호, 1929. 12.

밤ㅅ비[60]

지난 밤 오든 비가 해토하는 비라 하네
쌔엇든 골 얼음도 그 비에 다 녹이고
허분한 흙을 써들어 새 움 도다나오네.

밤에 비가 오네. 꿈에도 비가 오네.
아즉도 새벽인가 다시 한 번 돌아누니
은은히 베개ㅅ 머리에 물소리가 들리네.

비는 오는 밤에 다시 그를 생각하여
빗ㅅ물은 쌍에 피고 눈물은 눈에 피어
싸늘한 뷔인 자리만 어루만저 보누나.

비는 밤을 타서 소리도 업시 오네
그 무슨 애닯은 마음 날과도 가트온가.
낙수ㅅ물 방울방울이 눈물 되어 지누나.

---

60 『學生』 2권 4호, 1930. 4.

새 봄[61]

공원公園 한 모르에 한가론 이야기 소리
늙은이 졸음이요 젊은이 하품이네.
해 쏘한 길기도 길어 저물 줄을 모르네.

날마다 사람들이 공원公園으로 모여드네.
가련한 그 한몸을 두어둘 곳이 업서
낡어진 벤취 위에서 온종일을 보내네.

꼿바티 길이 되어 밟히고 쏘 밝히어
금잔듸 뿌리조차 슬어진 줄 알엇더니
새봄이 쏘 다시 오아 새로 새움 나오네.

달 알에 볏바른 데 모여 노는 세 아이가
하나는 어미 되고 하나는 아비 되고
쏘 하나 아들이 되어 즐겁게도 지내네.

두 다리 쭉 뻬치고 풀언덕에 둘어누워
힌구름 써도오는 푸른 한울 바라보면
갓브든 나의 숨ㅅ결이 늘영늘영 하누나.

61 『大衆公論』 2권 3호, 1930. 4.

문 아페 수양버들 눈이 트는 가지마다
그다지 불어오는 바람도 없는 날에
흐느적 흐느적어려 쉬일 줄을 모르네.

비행기飛行機 소리 나자 한울을 바라보니
소리개도 날어오네 한 마리 또 한 마리
반기어 너울거리고 어대선가 날어오네.

만挽정산鼎汕[62]

벌서 가시는가 가면 다시 못 올 길을
살으시라 살으시라 빌어오든 마음이야
남산南山에 솔닢을 헤어 그보다도 더하오리.

쉬 일어날실 줄만 나날이 믿은 마음
병석病席에 누우실 때 자조나 가 뵈올 걸.
그 또한 후회가 되어 더욱 슳어하노라.

꽂그림 자동차自動車에 양악대洋樂隊 뒤에 서서
지내는 거리거리 이리도 처량한가.
보내며 눈물지는 이 나 홀로만 아니네.

빠르다 구층탑九層塔아 너도 또한 모르느냐
으늑한 녹음綠陰 속에 흐르든 월광곡月光曲을
다시는 너로 더불어 내 못 들어 하노라.

62 『中外日報』, 1930. 5. 4.

안감내에서[63]

들 언덕 좁은 길에 달빛은 희미한데
마을집 처녀들이 공장工場에서 돌아오며
간야린 웃음소리가 멀리멀리 들리네.

안개 낀 저녁 마을 듬은듬은 뵈는 등ㅅ불
검읏한 산기슭에 들 하나 건네련만
밭머리 희미한 길을 홀로 서서 헤매네.

그윽한 송림松林 속에 밝은 달 빛어들고
잇다금 옛절에서 울리는 풍경소리
고요한 이러한 밤을 나는 좋아하노라.

63 『新生』 3권 6호, 1930. 6.

강ㅅ가에서[64]

하이한 모래알을 한 웅큼 쥐어 들고
내 무슨 마음인가 강ㅅ가에 홀로 서서
흐르는 푸른 물ㅅ결을 하욤업시 바라보네.

씃 업는 시름ㅅ줄이 감기고 쏘 감기어
좁은 가슴 안에 곱이 되는 이내 마음
술술이 저 강물 처럼 흘러나려 보오리.

강ㅅ가에 홀로 서서 눈물을 지우누나.
울어도 울어도 시원치 아니하네.
이 시름 뭇지는 마소 나도 쏘한 모르네.

백포장白布帳 십리十里ㅅ벌에 새파란 선線을 둘러
강물은 흘러흘러 서해西海바다 들어가고
하이한 범선帆船 하나이 늘잇늘잇 올라오네.

여름이 돌아오면 배놀이의 한강漢江이네.
북장고 놀애ㅅ소리 그칠 줄을 모르나니
밤마다 수궁용왕水宮龍王이 잠 못 들어 하노라.

---

64 『新小說』2권 3호, 1930. 6.

어린 고래삿기 한강漢江을 들어온다.
너도 집을 일허 이리로 차젓느냐.
이곧에 네 무덤 보니 내 맘 답답하구나.

이 강江을 차저 와서 기다려 달라는 말을
그리도 못 미덧든가 미더나 보앗슬 걸.
지금에 그를 위하여 아니 슬허 못하네.

납량음악회 納凉音樂會[65]

-전 양악대장洋樂隊長 정산鼎山 백우용白禹鏞 군君을 추모하며

꽃그림 자동차自働車에 양악대洋樂隊 뒤에 서서
지내는 거리거리 이리도 처량한가.
보내며 눈물지는 이 나홀로만 아니네.

빠닛다 구층탑九層塔아 너도 또한 모르느냐.
으늑한 녹음綠陰 속에 흐르는 월광곡月光曲을
다시는 너로 더불어 내 못 들어 하노라.

65 『新民』60호, 1930. 8. 納凉音樂會(수필) 속에 있음.

석굴암石窟庵 가는 길에[66]

한 고개 또 한 고개 고개를 헤어오다
토함산吐含山 넘어서서 동해東海바다 바라보고
저믄 날 돌아갈 길이 밭븐 줄을 모르네.

보고도 보고지어 이곧에 석굴암石窟庵이
험궂은 고개 넘어 굽이굽이 도는 길을
잦은 숨 잰걸음치며 오고오고 하누나.

66 『新生』3권 12호, 1930. 12.

닭울음[67]

고요도 고요한 밤에 닭울음 소리 들으면
내 마음 이상하게 처량도 처량하여
무단이 흐르는 눈물 뺨에 젖어 나리네.

무슨 마음인가 적어나 보려 하여
붓대를 손에 들고 책상머리 비겨 앉어
그러다 어느 밤에는 새는 줄도 모르네.

달이나 별을 보고 뜰에 나서 어정이며
나의 그림자를 다리고 희롱도 하다
내 홀로 깃븐 양하여 코놀애를 부르노라.

무슨 좋을 일이 오날은 있을가 하고
새벽에 잠을 깨어 무단이 깃브더니
한 종일 지나 보아도 다른 일은 없노라.

머리맡의 책상冊床, 책상冊床 위에 유리갑좌경琉璃匣坐鏡
매화梅花, 수선화水仙花, 낡은 산수화山水畵 한 폭
이것이 나로 더불어 한 겨을을 지나네.

---

67 『佛教』79호, 1931. 1.

봄[68]

1

무심히 거리 위로 지나는 길이러니
쥐면 쥐일 듯이 다스한 바람ㅅ결이
손끝을 스르르 스쳐 소매 안에 안기네.

2

거의 다 문어지고 남어 있는 궁장 알에
푸르룻 버드나무 늘어진 가지들은
한 종일 흐느적흐느적 흐늘거려 하더라.

3

놀이개 던져두고 이웃의 동무 딸어
풀 언덕 따듯한 볕에 뛰노는 어린 아기
어머니 젓이 지도록 찾을 줄을 모르네.

4

푸른 바다 같은 봄 한울을 바라보고
언덕에 누운 채로 풀이라도 되고 싶어
풀에도 금잔듸 되어 움이 돋아 나고저.

68 『新生』 4권 4호, 1931. 4.

5

책상 한 머리에 놓여 있는 유리장병
엊그제 꺾어다가 꽂아 둔 꽃 한 가지
피이는 봉오리마다 향긔 넘쳐 흐르네.

백운대白雲臺[69]

실영 위 버려두든 행구行具를 나려 놓고
내일來日은 꽃을 보러 산山으로 가랴는 마음
듯듯는 밤ㅅ비 소리에 잠 덧들어 하노라.

새벽에 잠을 깨어 어정어정 문門에 나니
꽃 피는 동산東山 머리 해는 웃고 돋아나고
가벼이 바람은 불어 옷깃 스처 가더라.

바위ㅅ새 시냇물은 거울 삼어 내보노라
솔숲에 바람소리 거문고로 들리나니
세상에 잔시름이야 아니 잊고 어이리.

물ㅅ소리 요란하고 골은 더욱 으늑하다.
두 언덕 바위 틈엔 진달래 붉어 있고
이따금 산ㅅ새는 날어 나를 앞서 지내더라.

한 구비 돌아드니 또 한 구비 막어 있네.
몇 구비 지내도록 사람하나 없는 골에
시내만 딸어 오르다 길을 잊고 헤매네.

---

69 『東亞日報』, 1931. 5. 5.

성문城門을 넘어 드니 북한北漢이 이곧이다.
행궁行宮터 밭이 되어 보리 닢새 푸르르고
불전佛殿도 헌어져가고 비碑만 홀로 섰노라.

장검長劒도 아니 차고 순성巡城만 하든 차에
동장대東將臺 높이 앉어 큰 한 소리 하잤더니
백일白日이 나려다 보며 내 어림을 웃는고야.

봉머리 달린 바위 맹수猛獸와 한 모양을
한 소리 엉커리고 금시에 나려올 듯
그 밑에 고개 숙이고 발븨 돌아 가노라.

몸은 고달피고 길은 더욱 험險하온데
종달새 날아오며 짖어귀는 소리 난다.
한 손에 바위를 집고 서서 듯고 보노라.

만장봉萬丈峯 긔어 올라 백운白雲을 찾었더니
백운白雲은 어대 가고 백운대白雲臺만 남었는고
내 홀로 백운대白雲臺 앉어 날 가는 줄 모르노라.

센 머리 붉은 얼굴 저 바위에 앉은 노인老人
청려장靑藜杖 던저두고 보허자步虛子를 부르나니
이 아니 백운白雲에 노든 신선神仙인가 하노라.

붉은 뫼 하얀 물에 들마다 푸른 빛을
그 끝을 가려 있는 아득한 운애만을
한눈에 나려다보고 진장하여 하노라.

옹당샘[70]

옹당샘 미나리바미 그 옆에는 장다리
밭머리 좁은 길을 어정어정 도라드니
나비는 너울거리고 앞에 뒤에 나르네.

욱어진 보리닢은 무릅 우에 솟아나네.
밭머리 길을 나니 노고지리 지저귀어
앞에는 나는 소리가 뒤에서도 들리네.

언덕 밑 옹당샘에 저녁달이 비처드네
마을집 아지미네 동의 이고 나오더니
구부려 물을 뜨려다 달만 보고 안젔네.
(옹당샘 미나리바미)

70 『佛教』84·85號, 1931. 6.

산해풍경山海風景(一)[71]

여수등대麗水燈臺

뫼와 뫼 마주서서 끝 없이 열린 골에
어미 섬 아들 섬 나부시 누워 있고
한 바다 푸른 물ㅅ결이 굼실굼실 밀어오네.

치는 물ㅅ결이며 오고 가는 배를 보고
이윽고 바다ㅅ가에 시름없이 앉었더니
이날도 기나긴 해이 다 저물어 가누나.

여수야경麗水夜景

비는 오는 밤에 우산雨傘을 들고 서서
컴컴한 앞바다로 배를 띄어 나아가니
물농을 치는 곧마다 야광충夜光蟲이 반작이네.

71 『東亞日報』, 1931. 9. 20.

지나온 바다 위를 돌아서 바라보니
등인가 별인가 천千이요 만萬이더니
그 빛이 빛인 곧마다 야광주夜光柱가 솟아나네.

산해풍경山海風景(二)[72]

보똘바다

섬 하나 안 보이고 끝없이 열린 바다
저어 가고 저어 오든 조고만 배와 배이
하얀한 파도波濤 저 속에 없다 잇다 하더라.

구름이 비를 띄어 온 바다를 가리더니
구름은 몰려가고 바람 더욱 불어오며
물ㅅ결에 물ㅅ결이 일어 천파만파千波萬波 되더라.

앞으로 가올 길은 아즉도 멀고 멀다.
창파만경滄波萬頃에 배 하나 의지하여
뛰놀는 고기나 보고 나도 반겨 하노라.

---

72 『東亞日報』, 1931. 9. 22.

목포유달산木浦儒達山

산山마루 험한 길을 요리조리 돌아오다
높은 봉 바위 머리 긔어 잡고 올라서니
조고만 뫼요 물이요 바다 아니 보이더라.

어대를 바라보나 물과 물 뫼와 뫼이
또한 그 뫼마다 섬이요 섬이라네.
그럴사 그럴 듯하다 다도해多島海라 이름도.

산수정회山水情懷(一)[73]

여수항麗水港

대소인大小人 하마비下馬碑를 쪼긴 이 누구이며
거붑배 새긴 돌은 어대메 묻히인고.
지금의 어린아이도 순신대감 부르더라.

-충무공비각忠武公碑閣-

골마다 무실목에 가란들 어이 가리.
앞바다 바다로 거붑배 이어 물고
××× ×××××× 길이 슳어하노라.

-장군도將軍島-

충무공忠武公 활을 익혀 쏘든 곧이 여긔런가.
정자亭子에 지어서서 옛일을 그리다가
다시금 고개를 돌이켜 종고산鍾鼓山을 보노라.

-군자정君子亭-

73 『東亞日報』, 1931. 9. 22.

산수정회山水情懷(二)[74]

군산항群山港

정조正租 백만 석百萬石이 부두埠頭에 싸였더니
여름도 나기 전에 다 어대로 가았느뇨.
산山머리 옴막집에선 배고프다 우더라.

앞엔 큰 강이요 뒤에는 바다라도
조개를 캐느냐 가사리를 뜯을느냐.
한 종일 돌이나 쪼겨 벌이한다 하더라.

목포항木浦港

어린 양洋과 같은 힌옷 닙은 무리들이
좁은 인간人間에야 살어 붙일 곧이 없어
바위에 의지를 하고 산山으로나 오르더라.

---

74 『東亞日報』, 1931. 9. 24.

산수정회山水情懷(三)[75]

순천順天 송광사松廣寺

보성강寶城江 십오 리十五里를 거슬러 오르다가
그 강江을 또 건너서 산山으로 돌아드니
나무숲 으늑한 골에 종성鐘聲 소리 들리더라.

골은 길츼양하고 나무ㅅ그늘 침침한데
물소리 졸졸이고 청심문淸心門 높이 서서
이 문門을 드는 이로하여 시름 닞어 하노라.

합장合掌 배례拜禮하고 가부跏趺를 겻고 앉어
보조국사普照國師의 원불願佛을 울어보고
이윽고 고요한 밤에 선삼매禪三昧에 드노라.

엇득 새벽부터 염불念佛 소리 잠을 깨어
국사전國師殿 조사전祖師殿 설법당說法堂을 들어보고
고려판高麗板 대열반경大涅槃徑을 다시 펼처 보노라.

75 『東亞日報』, 1931. 9. 27.

월출산月出山[76]

바위며 덤불이며 안개와 구름 속에
산ㅅ새는 한 두 마리 날어가고 날어오고
어대서 폭포수瀑布水소리 산山도 골도 울리네.

길이야 잇든 업든 오르고 오르고 보니
좌우左右에 졸졸이든 물ㅅ소리도 아니 나고
산山머리 검은 구름은 비가 되어 나리네.

비소리 바위서리 이것이 뫼이온데
어대가 어댄가를 보아도 모르더니
한 곳을 다 올라서니 천황봉天皇峰이 여긔네.

햇살이 퍼지는가 안개 더욱 엷어지고
한 조각 한 조각 파란 한울 내보이며
월출산月出山 봉오리마다 예서제서 나오네.

들은 푸르르고 바다ㅅ물 번번한데
예는 어대며 제는 또한 어대메오
손들어 가리치는 곳에 다시 명산名山 보이더라.

---

76 『新東亞』1권 1호, 1931. 11.

구정봉九井峰 압에ㅅ봉에 바위 셋이 노엿스니
둘은 초ㅅ바위 하나는 탑塔바위요
그 위에 언친 바위는 영암靈岩이라 하더라.

어지어 이내 몸이 이리도 고달핀가
산山도 바위도 구름도 아니 뵈고
오로지 괴로움만이 이 길인가 하노라.

-영암靈岩에서-

봄[77]

언젠가 오든 비에 뜰 알에 젖은 흙이
얼엇다 녹아지고 녹앗다 다시 얼어
새로이 나려든 움이 나려마려 하누나.

비 한번 지나가면 골마다 해토 되고
검은 송산松山머리 희미한 안개 끼고
흙 속에 깊이 잠드는 버레들도 움즉이네.

저녁별 더듸 가며 빛어드는 첨아 안에
제비 한 자웅이 어대서 날아들어
한가론 봄의 놀애를 서로서로 부르네.

---

77 『新生』5권 3호, 1932. 3.

삼매희三昧喜[78]

이내 몸 이내 일이 긔계와 한 모양을
지내는 그 자최를 밟고 또 밟어가며
눈물을 흘리다가도 웃을 적이 있노라.

너의 하든 일이 어제는 그러타니
오날 지내보고 내일來日을 바래오라.
내일來日도 그러하거든 또 내일來日을 바래오라.

일생의 네 이름을 나더러 부르라면
신神도 짐승도 성聖도 웅雄도 다 그만두고
다만 한 사람으로서 부르고저 하노라.

이러한 놀이들도 나는 다 모르옵네.
장긔, 바독, 마작麻雀, 술, 담배, 다른 유희遊戲도
한 손에 분필粉筆을 들고 그날그날 보내며.

밤은 이슥하고 온 누리 고요한 제
낡은 책상冊床머리 등을 대혀 홀로 앉어
글 보는 마음으로나 삼매희三昧喜에 드노라.

78 『東方評論』1권 1호, 1932. 4.

한 나이 더할스록 시름도 더하구나.
어린 아이들이 상머리 늘어앉어
아버지 부르는 소리에 맘이 절로 두려워.

손을 턱에 대고 책상冊床머리 기대 앉어
야위는 두 볼을 거울에 빛여볼 제
지내고 지내든 일이 부즈럽시 생각히네.

봄은 돌아와도 서울은 쓸쓸하다.
우리의 살음살이 더욱이 쓸쓸하다.
좁읏한 뜰 알에서는 풀도 아니 나더라.

언니는 학교學校에 가고 집에는 노마 홀로
따뜻한 볕이 드는 마루ㅅ가에 걸어앉어
무심히 비인 뜰이나 바라보고 있더라.

새 봄[79]

1

산머리 바위 틈에
잦아진 눈 어름이

별 알에 반짝어려
예서 제서 비쳐오고

다스한 실바람 결이
소매 안에 안기네.

2

얼든 흙덩어리
부슬부슬 다 녹이고

햇살은 따듯하여
스물스물 수며들어

풀마다 새로운 움이
다시 살아 나오네.

---

79 『한글』1권 1호, 1932. 5.

3

가개 머리마다
달래와 낭이 뿌리

어항에 금붕어 놀고
새들은 장에 울어

이 거리 저 거리에도
봄이 벌서 움지기네.

4

흙 속에 버레들과
잠들든 개구리며

바람도 몬지도
일어라 다 일어라.

푸르는 뫼와 언덕도
같이 일어 뛰어라.

화장장火葬場에서[80]

동구洞口에서 버들빛도 비애悲哀로이 보이오며
영구차靈柩車 떠나가고 통곡痛哭소리 높이 난다.
소복素服한 젊은 안악네 언덕머리 나서서.

떠나 가시는 곧이 연화대蓮花臺오. 어대메오.
가는 일 오는 일을 나는 다 모르오며
재 넘어 화장장火葬場으로 찾어갈 뿐이옵네.

화장장火場場 마당ㅅ가에 단풍丹楓ㅅ가지 피는 닢을
타는 불보담도 더욱이 타는 빛을
어리는 눈물을 싳고 참아 볼 수 없더라.

80 『新生』5권 6호, 1932. 6.

별[81]

바람이 서늘도 하여 뜰앞에 나섯더니
서산西山 머리에 한울은 구름을 벗어나며
산듯한 초사흘ㅅ달이 별과 함께 나오더라.

달은 넘어가고 별만 서로 반작인다.
저 별은 뉘 별이며 내 별 또한 어느 게오.
잠자코 호을로 서서 별만 헤어 보노라.

81 『新生』5권 7호, 1932. 7.

한힌샘 스승님[82]

온 누리 컴컴하고 바람도 사납은데
꺼지는 그 등불을 다시 밝혀 손에 들고
그 밤에 험궂은 길에 앞을 서서 가시다.

진 대나 마른 대를 어이 골라 드되오리.
비 오고 눈이 오든 밤과 낮을 가리오리
다만 그 바쁘신 길을 다 못 걸어 하시다.

꾸밈과 진장함은 좀애도 없으시며
비웃고 사위하여 기러는 이 뉘이오리.
스스로 믿으신 마음 에어갈 뿐이외다.

덛거츤 옛 동산에 길이 새로 뇌엇어라.
어리든 잠을 깨고 서로 뚫아 나아가니
제마다 새 눈 뜨이며 에헤애해 하노라.

헐고 문어지고 그 무어이 남앗으리
밟고 가신 그 자취에 몬지라도 귀엽거든
하물며 또 다시 없는 이 보배를 위함에랴.

---

82 『한글』 제1권 제3호, 1932. 7.

어져 동무들아 외발만 이를소냐.
넓은 그 이마에 빛나는 슬기시며
크고도 깊으신 안이야 다시 헬 수 없노라.

추억追憶[83]

한 손에 광이 잡고 또 한 손에 붓을 들어
설흔 두 해를 살어예는 그 동안을
오로지 괴로움만으로 싸워올 뿐이드냐.

외로운 몸이 되어 남달리 밉업더니
내 뒤에 오든 그대 그를 압서 가는고야.
다시는 뉘를 다리고 이내 시름 말하리.

산山머리 희젓한데 석양은 빛여든다.
하얀 모래서리 솔닢은 파라코나.
그곧에 그대는 홀로 깊이 잠을 드느냐.

안애와 아들이며 늙으신 어머니를
또한 이 세상에 못다 푸든 그 슳음을
황천黃泉에 누운 몸이라도 어이하여 잊으리.

책상 한 머리에 다만 홀로 비겨 앉어
혈흔血痕과 홍염紅焰을 뒤적어려 볼 때마다
새로이 그리운 마음에 내 못 견대 하옵네.

83 『三千里』4권 8호, 1932. 8.

가을[84]

지새어 흐린 날이 아즉도 무덥더니
비 한 번 지나가고 흰 구름 벗어지며
새파란 한울ㅅ가에도 가을빛이 돌더라.

한두 개 누렁 닢이 뜰앞에 굴어예고
담머리 넘어가는 저녁볕 엷어질 제
제비는 바람을 띠고 힘이 없이 날어드네.

산山에 갓든 길에 꺾어온 단풍丹楓ㅅ가지
화병花瓶에 꽂아 두고 홀로 앉어 바라볼 때
내 맘도 가을과 함께 깊어갈 뿐이어라.

−9 · 29−

84 『新生』 5권 10호, 1932. 10.

자연自然의 정情[85]

오동梧桐꽃

담머리 넘어드는 달빛은 은은한데
한두 개 소리 없이 나려지는 오동梧桐꽃을
가랴다 발을 멈추고 다시 돌아보노라.

종묘宗廟숲

종묘宗廟의 짙은 숲은 푸르른 호수湖水와 같다.
잇다금 담머리로 바람이 넘어들 제
닢마다 번덕어리며 물ㅅ결 또한 일더라.

숲인가 호수湖水인가 저 곧을 바라보라.
답답튼 마음에 시름도 다 잊으리
하얀한 새도 한 마리 날어 다시 드잖느냐.

85 『新生』 6권 1호, 1932. 12.

백매白梅

얼든 백매白梅나무 꽃도 닢도 아니 피네.
분의 심은 대로 뜰 앞에 내어두고
날마다 새물을 주어 행여 살가 하여라.

다시 뒤 언덕에 옮겨놓은 백매白梅 화분花盆
푸른 가지마자 마르고 틀어지고
불같은 뜨거운 볕은 태울 대로 쪼여라.

새해[86]

크리쓰머쓰 찬미소리 새벽잠을 깨우누나.
좋을 일 많을 줄을 빌고 비는 마음으로
내 또한 1933一九三三 해를 반겨 맞아 보리라.

짚으로 느림하여 문마다 드리우고
둥근 떡을 괴어 단壇 위에 위해 놓고
도소주 함께 거울러 새해놀이 하자네.

등불을 돋우혀고 뜬 눈 으로 밤을 새어
색동옷 갈아입고 뛰고 놀든 누이동생
그리도 깃브든 양이 다시 생각히어라.

벽에 걸린 달력 첫 장 하나 뜯어내고
일긔책 펼치어 적어나 보렷더니
무단히 설레는 맘에 붓이 절로 멈추네.

한 해가 지나가고 또 한 해 왓다 하소.
침침한 이 생애에 무엇이 다르리오.
분盆에는 홍매 한 가지 새로 필 뿐이옵네.

86 『新家庭』1권 1호, 1933. 1.

대흥산성 大興山城[87]

노픈 봉 깁은 골에 나무 숩 침침하다.
한두 개 썩은 가지 저절로 나려질 때
가다가 발을 멈추고 마음 저퍼 하노라.

오르고 오를사록 길이 더욱 험하구나.
볕은 나려 마려 비는 멋다 단 나린다.
젓은 옷 마르든 마든 걸음 어이 멈추리.

오날도 비가 오나 놀래어 나서 보니
나무숩 바위서리 바람과 물소리오.
봉머리 구름은 것고 샛별 돌아 나오네.

87 『第一線』 3권 3호, 1933. 3. 「大興山城」(『時調』, 1933. 3.)과 같음.

홍도 紅桃[88]

골짜기 눈얼음이 아즉도 자저 잇고
바람삿 차다 하여 오는 봄 더듸다 마라.
언덕 위 금잔듸 비치 어제 오날 다르네.

날마다 나는 볘치 유난히도 짜뜻하이.
진펄이 구든 얼음 허분허분 다 풀리고
죽은 듯 자든 버레도 다시 일어 나오네.

상머리 보든 책을 그대로 허털어 두고
나리는 이슬비에 뜰 알에 흙을 이뤄
마르든 매화 등걸을 다시 옮겨 보노라.

뜰우에 심은 나무 한길 남아 자랏고나.
늘어진 낡은 가지 새로 나는 어린 니피
볼스록 보드라워라 손이 절로 가 지네.

초라한 옴막에도 해마다 봄은 들어
황매黃梅 산수유山茱萸 개나리 번을 이어
홍도화 웃음을 씌고 담 넘어로 뵈드라.

88 『가톨릭靑年』1권 1호, 1933. 6.

주시경선생 묘 周時經先生墓[89]

선생先生 묻엄을 찾어 봄마다 오건마는
모래흙 붉은 뫼에 새 한 마리 아니 날고
어대서 개구리 소리만 고요하게 들리오.

한 손에 모래흙을 움켰다 뿌려도 보다
고개를 숙이고 잠자코 서서도 보다
발 밑에 엉긔어 드는 개아미나 놀리오.

모래흙 붉은 뫼에 선생先生의 이 한 묻엄
오고 가는 해마다 꽃이야 피든 마든
우리의 마음에마다 봄을 새겨 두리다.

89 『新東亞』3권 6호, 1933. 6.

백송白松[90]

외로이 언덕머리 서 잇는 백송白松나무
적송赤松 흑송黑松보다 귀엽은 백송白松나무
한 모양 청백靑白한 줄을 아는 이도 드므네.

검푸른 닢새 위에 히뜩히뜩 솟은 가지
오뉴월五六月 불볕 알에 서리ㅅ발 어린 듯하여
얼염풋 생각만해도 마음 서늘하고야.

90 『東亞日報』, 1933. 7. 23.

천문대天文臺[90]

오백 년五百年 풍우風雨 끝에 남어 잇는 이나마도
제대로 버려 두어 반半이나 헌어지고
담장이 덩굴은 벋어 그 위에로 오르네.

낡은 담머리에 돌 몇 개 포개 있고
봄, 여름 파란 덩굴 가을이면 고운 단풍
지내며 보올 제마다 그저 아니 보이누나.

다만 객스러이 이곧에 지어 서서
인왕仁王의 해 보내고 낙타산駱駝山 달을 맞어
지내든 꿈이나 뇌며 저나 저를 뉘 웃브리.

함박꼿[91]

이제야 피는 양은 때가 느저 그리는지
푸른 닙 사이로서 힌 송이 붉은 송이
제여곰 수줍은 듯이 고개 절로 숙이네.

유달리 풍성하고 화려한 그 얼골을
욱어진 녹엽綠葉 속에 으늑이 숨겨 두고
행혀나 알을싸 보아 향기香氣마저 업드라.

달[91]

미미한 무슨 소리 나는 듯 마는 듯이
바람도 업시 나무 닙새 속새기고
달빗은 은은하게도 그 속으로 숨여드네.

오동梧桐닙 사이로서 달은 고이 나고 들고
한 마당 가득하게 수묵화水墨畵를 일우더니
그 달이 꿈에도 뵈어 잠 덧들어 하노라.

---

91 『가톨릭靑年』 1권 3호, 1933. 8.

행주幸州[91]

오월五月의 한울처럼 푸르른 흐르는 빗
들은 바다요 산山은 또한 섬과 갓고
하이한 돗폭을 펴어 마음 절로 움즉이네.

강江은 흐렁물이 자는 듯 고요하고
다만 한 조각 조고마한 증기선蒸汽船이
그 위로 거스러 오며 그리나니 하얀 선을.

검푸른 방측나무 기다란 선을 하여
하이한 모래밧헤 자국 하나 아니 나고
돗폭은 물ㅅ새와 갓치 그림자를 옮겨 간다.

강江 언덕 버드낭게 그물은 걸여잇고
큰 배 작은 배 밀물 짜라 올라오고
잇다금 텀벙거리며 웅어 쒸는 소리네.

잔솔밧 좁은 길에 강江을 짜라 오노라니
조고만 토성土城머리 외로 섯는 비碑ㅅ돌 하나
틈 벌고 이지러지고 글도 아니 보이누나.

산전山田에 보리 이삭 누러케 익어 가고
츩넌출 다래넌출 밤나무 수풀 속에
길고도 고요한 나즐 벅국이가 울어라.

가을[92]

낙수물 듯는 소리 시름 더욱 나게한다.
담 넘어 나무들도 구줄구줄 젖은 몸이
그 무슨 수심에 쌓여 잠잠할 뿐이구나.

92 『東亞日報』, 1933. 9. 5.

실솔蟋蟀[93]

잠이 아니 오니 이리저리 거닐어나 보자.
달은 구름 속에 숨엇다 나왓다 하고
귀또리 소리와 함께 밤은 또한 길구나.

93 『東亞日報』, 1933. 9. 12.

다드미[94]

밤은 이슥하여 거리마다 고요하다.
전등電燈 와사등瓦斯燈도 달에도 빛이 없고
미미한 다드미소리 태고시절太古時節 같구나.

94 『東亞日報』, 1933. 9. 19.

야국野菊[95]

고운 제 모양을 남이야 아든 마든
다른 꽃과 함께 봄에 또한 자라나서
이제야 찬바람 맞고 홀로 피는 야국화野菊花.

95 『東亞日報』, 1933. 9. 27.

백마강白馬江[96]

늙은 나무 숲에 가을빛 짓터지고
부소산扶蘇山 저므는 날 부슬부슬 나리는 비.
내 이제 보는 경이야 예와 다름 없으리.

이 길을 찾어옴이 한두 번이 아니건만
또 다시 낙화암落花岩을 올라보고 나려보고
외로이 그립어하는 백제百濟 마음이로구.

비 듯는 맑은 강江에 조고마한 배를 띄워
도롱이 두르고 홀로 앉은 저 늙은이
고기야 낙그나 마나 시름 몰라 하노나.

비는 오는구나 오날도 어제같이
옷을 다 적시고 봉창篷窓에 지어 서서
부소산扶蘇山 바라다보며 백마강白馬江을 나리네.

배는 늦이 가고 바람도 아니 인다.
뒤에 나든 기러기 나를 앞서 지내가고
구름은 산山기슭 따러 좌우左右에서 일어나네.

96 『中央』1권 1호, 1933. 11.

궁문宮門[97]

태극太極으로 눈을 박아 용봉龍鳳을 새긴 몸이
외로이 우뚝하게 머리를 들고 서서
조화造化도 알암곳하던 십신상十神像을 이고 있네.

낫우한 담머리로 이 문門이 나려다뵈네.
빛나던 금관金冠이며 옥교玉轎가 나고 들고
고개도 참아 못드던 일이 어제런 듯하더니.

—구고舊稿 중中에서

97 『學燈』3호, 1934. 1.

괴석怪石[98]

초개草芥에 버려두어 때 뭇고 낡엇건만
예 보든 네 얼굴을 이제와 다시 보니
새로이 반가운 마음 아니 계워 못하네.

누가 에엿브다리 추조한 네 양자를.
연연한 곳이야 조곰도 보이지 안코
한마음 얼음과 가티 항시 담박하고나.

비록 그 마음인들 그다지 귀여우리.
그려도 네 염혜는 써나지지 아니하여
어느덧 정이 드누나 나도 쏘한 모르게.

98 『가톨릭靑年』 2권 6호, 1934. 6.

추천 鞦韆[99]

연연한 잎새마다 해는 비최 반작인다.
높은 가지 우에 기나긴 줄을 매고
반기는 새와도 같이 반공에서 번덕이네.

99 『新家庭』2권 6호, 1934. 6.

장마[100]

한울은 어이하여 툭명을 부리느냐.
연일 구름 속에 벗어날 줄 모르느냐.
새파란 그 고운 얼굴 하로 더욱 보곺아라.

내 고향 몇만 가호萬家戶 물 속에 잠겼다네.
오늘도 참을 이어 던저주는 호외신문號外新聞
타는 듯 좁은 가슴이 조마조마 하고나.

집은 줄줄 새고 비는 아니 그치인다.
밤마다 라디오는 더구나 소란도 하다.
귀 설은 새 노랫소리 장마보다 더하고야.

병들은 나리꽃이 늦게야 피자마자
비 맞어 물고 잎새마자 다 떨어지니
그나마 보든 풍경을 다시 없어 하노라.

100 『中央』 2권 9호, 1934. 9.

란초蘭草[101]

자짓빛 대공 우에 하얀 꽃 두어 송이
이슬은 구슬 되어 마디마디 매달리니
푸른 닢 길게 빼내어 봉미鳳尾와도 같으이.

이삼 조二三條 분盆에 옮겨 책상冊床머리 두고 보소.
그 닢이 꽃이 빛도 그리 없지마는
진실로 고아高雅한 맛은 이에 다시 없으리.

더러운 이 인간人間에 뿌리 부칠 따이 없다.
뿌리를 들어내어 그리더니 정소남鄭所南이
지금에 그 뜻을 모르고 꽃과 닢만 그리더라.

101 『新東亞』 4권 12호, 1934. 12.

천마산협 天磨山峽[102]

곱게도 드는 단풍 봉마다 빩아지고
으름과 다래덩굴 아즉도 짙은 녹음
으늑고 후미한 골에 물이 졸졸 흐른다.

나무 숲 침침하여 낮도 또한 밤과 같다.
풀섶에 우는 버레 행혀나 놀랠세라
발자옥 소리도 없이 조심조심 것노라.

돌바닥 험한 길에 발은 점점 부릍는다.
어둑한 숲속으로 좁은 골을 벗어나니
하얀 옥玉 깎아세운 듯 봉 하나이 솟았네.

102 『가톨릭靑年』 3권 1호, 1935. 1.

옥잠화玉簪花[103]

빛나는 파란 잎새 파란 대공 하얀 꽃이
꽃마다 동글동글 옥玉비녀 꽂아놓은 듯
그 아니 아름다우랴 이름 또한 옥잠화玉簪花.

맵시며 차림차리 담장澹粧한 미인美人이다.
유다른 맑은 향기 은은히 움즉이고
때마다 나를 대하여 웃는 듯도 하구려.

103 『學燈』13호, 1935. 1.

수선화水仙花[104]

풍지風紙에 바람 일고 구들은 얼음이다.
조고만 책상冊床 하나 무릎 앞에 놓아두고
그 우엔 한두 송아리 피어나는 수선화水仙花.

투술한 전복껍질 발 달아 등에 대고
따뜻한 볕을 보며 누어있는 해형수선蟹形水仙
서리고 감드는 닢도 굽이굽이 펴이네.

등燈에 비친 모양 더욱이 연연하다.
웃으며 수줍은 듯 고개 숙인 송이송이
하얀한 장지문 우에 그리나니 수묵화水墨畵를.

일월一月 원조元朝

104 『朝鮮中央日報』, 1935. 5.

괴후乖候[105]

흐리는 안개 속에 아침해 더디 난다.
담에 집웅에 서리는 다 걷히고
듯듯는 낙수물 소리 봄비 같이 들린다.

담머리 고목나무 닢사귀 다 떨어지고
찬비에 저즌 몸이 따뜻한 볕이 들어
퍼러한 곰슬은 빛은 새움과도 같으니.

날마다 화초분花草盆을 내어놓고 들여놓고
자라는 줄기줄기 피는 꽃을 보자 하니
뜰 우에 엷게 빛이는 자른 해도 더디다.

개나리 지레 핌을 어리다 이르지 마라.
연연한 한두 송이 눈서리에 이울어도
그 속의 굳은 마음은 봄을 댕겨 맞으리.

105 『朝鮮文壇』 속간 1호, 1935. 2.

석굴암石窟庵[106]

한 고개 또 한 고개 고개를 헤어오다
토함산吐含山 넘어서서 동해東海바다 바라보고
저믄 날 돌아갈 길이 밭븐 줄을 모르네.

보고도 보고지어 이곧에 석굴암石窟庵이
험궂은 고개 넘어 굽이굽이 도는 길을
잦은 숨 잰걸음치며 오고 오고 하누나.

106 『三千里』7권 3호, 1935. 3.
『古都勝地大觀』, 1948.

그리운 옛날[107]

병아리 어이 찾어 마당ㅅ가에 뱅뱅돌고
실엉 위 어린 누에 한 잠을 자고 날 때
누나는 나를 다리고 뽕을 따러 나가오.

누나는 뽕을 따고 집으로 돌아가도
금모래 은모래 쥐었다 노았다 하고
나 혼자 밭머리 앉어 해 지는 줄 모르오.

소낙이 삼형제三兄弟가 차례로 지나가고
언덕 밑 옹당샘에 무지개 다리 노면
선녀仙女들 머리 감으러 나려옴을 바라오.

---

107 『學燈』 15호, 1935. 4.

나리는 비[108]

짐을 매어놓고 떠나려 하시는 이날
어둔 새벽부터 시름 없이 나리는 비
내일來日도 나리오소서 연일連日두고 오소서.

부듸 머나먼 길 떠나지 마오시라.
날이 저믈도록 시름없이 나리는 비
저윽이 말리는 정은 날보다도 더하오.

잡었든 그 소매를 뿌리치고 떠나신다.
갑작이 꿈을 깨니 반가운 빗소리다.
매어둔 짐을 보고는 눈을 도로 감으오.

108 『朝鮮文壇』 속간 3호, 1935. 5.

희작戲作[109]

본대 곱잔은 얼굴 뉘 눈에 괴오자고
아츰 저녁으로 아미를 다스리노.
아무리 꾸미드라도 아는 이는 알리라.

고운 선녀仙女들이 구름 타고 온다기로
눈에 보이는가 손에 또한 잡히는가
마음을 둘 데 모르니 몸은 더욱 곤하다.

누구나 부르는 노래 제여곰 명창名唱이다.
그러나 그 소리를 모른다 이르지 말고
어둔 귀 밝어지도록 불을 대로 불러라.

109 『學燈』 16호, 1935. 6.

백묵白墨[110]

마음은 돌과 같이 굳고도 차듸차다.
봄이란 이 봄도 오고 감을 모를러니
바람에 날어든 꽃이 뜰 위 가득하구려.

정원庭園의 피는 닢이 몇 번이나 푸르른고.
층계層階에 올라서서 이윽고 바라보며
한손에 백묵白墨을 들고 가슴 아퍼하외다.

110 『三千里』7권 6호, 1935. 7.

다람쥐

독안에 들어있는 한 마리 저 다람쥐
한 종일 보내기란 여북이 답답하리
다만 그 놀이갯거리 바퀴 하나 뿐이네.

오로지 업을 삼어 조고만 그 바퀴를
하로도 천 번 만 번 돌리고 또 돌리고
함정에 더진 몸인가 벗어날 줄 모르네.

천만 주千萬株 노송老松나무 울밀도 울밀한데
나는 구름 같이 이리 닷고 저리 닷고
깊은 골 높은 봉에도 겁낼 곳이 없더니.

좁은 이곳으로 네 어이 들었느냐.
참아 사는 양이 그래도 낫다 하여
올는지 말는지 하는 때나 옴을 바라느냐.

산山ㅅ비[111]

묘화妙花, 월명月明 꿈에 보고 덧드는 잠 못다 들어
종鍾소리 예불禮佛소리 웨 그리 요란하고
낙조대落照臺 쌍선봉雙仙峯으로 비는 또한 나리는고.

비는 나리시고 산山은 더욱 적적하다.
벽에 걸린 가사袈裟를 나려 입고 한 손에 목탁木鐸들고
부처님 앞에 꿇어앉어 염불念佛이나 하고싶다.

—이상以上은 월명암月明庵

돌바닥 좁은 길이 갑작이 높다 낮다
넓은 나무닢이 이마에 부드치고
옥玉 같은 맑은 물방울 똑똑 똑똑 듯는다.

감자, 조, 콩밭머리 초가草家집 두어 가호
병아리 깃이 젖어 뜰엉에 졸고 있고
협술한 늙은이 혼자, 구럭 메고 나온다.

---

111 『三千里』7권 9호, 1935. 10.

매창묘梅窓墓에서[112]

매창梅窓의 이름은 계생桂生이요 자字는 천향天香 또는 향금香今인데, 부안현리扶安縣吏 이양종李陽從의 서녀庶女. 또는 이조 중종 때(서기 1513~1550) 사람으로 우리 노래도 잘 짓고 잘 부르고 검은고도 잘 타고 한시漢詩도 잘하여 그 시집詩集이 두 권이나 있으며, 지금 부안군扶安郡 부령면扶寧面 봉덕리奉德里 장제莨堤 서간원西間原에는 그 무덤과 그의 석비石碑가 서 있다. 그곳을 매창梅窓뜸이라고 하고 그 뒤에는 봉두鳳頭메산山, 앞에는 석불산石佛山이고 그 서西으로는 이십여 리二十餘里에 변산邊山이 둘러섰다. 변산邊山은 일명一名 영주산瀛洲山이라 하므로 부안읍扶安邑을 봉래동천蓬萊洞天이라고 하였다. 이러한 승지勝地에 묻힌 시인詩人 매창梅窓은,

> 이화우梨花雨 흩날릴 제 울며 잡고 이별離別한 님
> 추풍낙엽秋風落葉에 저도 나를 생각는지
> 천 리千里에 외로운 꿈만 오락가락하더라.

하는 노래며,

> 醉客執羅衫 羅衫隨手裂 不惜一羅衫 但恐恩情絶

하는 명시名詩들을 남겨놓았다. 그 무덤은 벌서 사백 여 년을 부풍시사扶風詩社같은 공동단체共同團體에서 수호守護하여 온다.

비碑는 검어지고 금잔디 퍼러하다.
해를 두고두고 비와 바람 몰아와도
한 덩이 향그론 이 흙 헐을 줄을 모른다.

112 『新家庭』 3권 11호, 1935. 11.

「이화우梨花雨」 부르다가 검은고 비껴놓고
등 앞에 홀로 앉어 그 누구를 그리든고
두 뺨에 흐르는 눈물 보이는 듯하구려.

아즉도 고운 넋이 봉래동蓬萊洞에 머므는지
찾을 이 있다면 이와 같은 말을 하리.
「남겨둔 내 노래 보고 날 본 듯이 하소서」.

나삼羅衫을 손에 잡혀 몇 번이나 찢었드뇨.
봉두鳳頭에 해와 달이 석불산石佛山에 다 지도록
이곳을 찾어드는 이 몇몇이나 되느냐.

앞 논에 개구리도 죽은 듯 잠잠하고
풀 섶에 한두 마리 버레나 우는 소리
더욱이 이내 마음을 외롭게도 하누나.

낙엽落葉[113]

담 머리 굴참나무 그늘도 짙을러니
높은 가지 끝에 한두 닢 달려 있고
소소리바람이 치는 벌서 겨울이구려.

지는 닢 너도 어이 갈 바를 모르고서
바람에 흩날리어 이리저리 헤메느냐.
그리다 발에 밟히어 흙이 되고 마느냐.

날어드든 닢이 뜰 앞에 가득하다.
바람이 자고 달은 고이 비쳐들고
밤마다 서리는 나려 하얗게도 덮는다.

113 『學燈』 21호, 1935. 12.
『時調硏究』 1호, 1953. 1.

난초蘭草[114]

검은 방장房帳 안에 밤은 고이 가려 있다.
구들은 훈훈하여 꿈은 점점 길어가고
창밖에 치운 난초蘭草는 얼을 대로 얼는다.

밤은 깊어지고 눈보라 더욱 차다.
높은 난간欄干에 난초蘭草는 서글프다.
피려든 꽃봉오리마다 시들 대로 시든다.

그의 끝이 없는 향락享樂의 꿈의 나라
때를 옮겨가며 잊음성 많은 사랑
난초蘭草는 시달리다가 그 자최를 감초인다.

114 『新人文學』 3권 3호, 1936. 8.

아이와 꽃[115]

가는 비는 나려 마르든 흙 물이 밴다.
어린 꽃모 옮겨 앞뒤 뜰에 심어 두고
니해라 내해라 하여 자라남을 겨른다.

– 꽃 모

꽃과 닢을 따라 손끝에 매어 두고
고운 그 물빛 행여나 덜어 들까
밤에도 조심스러이 잠을 사려 드러라.

– 봉숭화

언제 입으로는 나발을 부르는지
기다란 팔구비를 제 마냥 들어내어
이 안이 좁은 줄 모르고 부즈럽시 벋어친다.

– 나발꽃

그늘 깊은 속에 으늑이 숨어 있어
빽빽 얽은 얼굴 푸르고도 누르지만
벌리는 넓은 그 입술 빨안하고 연연하다.

– 여지

115 『新家庭』 4권 9호, 1936. 9.

몸매와 차림차리 어설프고 엉성궂다.
키는 너머 자라 담 머리 솟아나고
그 넓은 얼굴을 들어 해나 바라보더라.

– 해바라기

밝앙이 노랑이로 엣브게 단장하고
게으른 잠을 자다 저녁밥 지으랼 제
살포시 그 잠을 깨어 방글방글 웃는다

– 분꽃

모진 싀어머니 며느리 배를 골려
그는 죽어도 한 가지 한이 남어
입에다 밥풀을 물고 꽃이 되어 있고나.

– 밥풀꽃

곱게도 자라나든 맨도람 맨도람이
빨갛게 돋은 계관鷄冠 한 덩이 불꽃같어
욱어진 푸른 닢들을 사르는 듯하구려.

– 맨도람이

나리는 찬 이슬에 홀로 피는 도라지꽃
외로이 서 차라리 괴괴한들
무단한 번화로움을 아여 싫여하더라.

– 도라지꽃

대성암大聖庵[116]

고개 고개 넘어 호젓은 하다마는
풀 섶 바위서리 빩안 딸기 패랑이꽃
가다가 닥어도 보며 휘휘한 줄 모르겠다.

묵은 기아쪽이 발끝에 부드치고
성城을 고인 돌은 검은 버섯 돋아나고
성그시 벌어진 틈엔 다람쥐나 넘나든다.

그리운 옛날 자최 물어도 말이 없고
밝은 뫼 검은 바위 파란 물 하얀 모래
맑고도 고운 그 모양 눈에 모여 어린다.

깊은 바위굴에 솟아나는 맑은 샘을
우로 뚤린 구멍 나려오든 공양미供養米를
이제도 의상義湘을 더불어 신라 시절 말하네.

별이 쨍쨍하고 하늘도 맑아터니
설레는 바람 끝에 구름은 서들대고
검읏한 먼 산 머리에 비가 몰아 들온다.

---

116 『中央』 4권 9호, 1936. 9.

우수영右水營[117]

이곳이 어데멘지 아는다 저 사공아.
수군水軍 실고 드날치든 거북선 어이 가고
무심無心한 어주자漁舟子들만 오락가락 하더라.

옥매산玉梅山 고운 돌에 석양夕陽이 비최이고
우수영右水營 낡은 성에 가마귀 날어들 제
어데서 어적수성漁笛數聲은 구슬푸게 들리는고.

117 『三千里』 9권 4호, 1937. 5.

가섭봉加葉峰[118]

요리 조리 돌아, 굴을 겨오 벗어나니
앙상한 백화白樺서리 눈인 양 돌고 희고
트이는 깜언 허공虛空에 봉이 새로 솟는다.

서대는 다람쥐가 길을 자조 알리우고
갖인 서리 틈에 석남石楠은 연연하고
젓나무 석어진 뿌리 향은 그저 남었다.

날인 바위 끝이 발 아래 떨고 있고
봉마다 골마다 제여곰 다른 모양
한눈에 모여 드나니 다만 어질하여라.

118 『三千里文學』 제1집, 1938. 1.

맘[119]

외오 두고두고 그립어 하든 그대
다만 믿어오기 고운 그 맘이러니
이제야 보는 얼굴도 맘과 다름없고나.

그리 아오실 이 몇몇이나 있으리오.
머리를 조이고 간절히 비옵노니
처음에 맹서하시든 그 뜻 잊지 마오라.

119 『女性』 3권 4호, 1938. 4.

고故 이갑군李鉀君[120]

서로 손을 잡고 동무 삼아 가랴더니
뒤에 오든 걸음 앞을 서서 가시는가.
비바람 소란한 이날 그대 더욱 그립어라.

푸른 뫼와 숲을 해끝이 거의로다.
보낸 설훈 네 해 하잔흠이 아니리라.
다만 그 바라든 뜻을 못 이루어 하리라.

120 『東亞日報』, 1938. 8. 28.

오후 풍경午後風景[121]

난데없는 바람 거리를 휩쓸고 몰아온다.
쓰던 모자帽子를 쓰면 다시 떠러치고
분주奔走히 오고 가는 이를 기롱欺弄하듯 하여라.

가로 선 애나무들 싱싱히 푸르도다.
시들고 병든 닢만 날린다고 믿지 마라.
덧없는 바람에 불려 꺽일 줄을 어이 알리.

121 『東亞日報』, 1938. 9. 28.

근음 수제近吟數題[122]

천문대天文臺

볼재 한 모롱이 남어 있는 천문대天文臺
풍상風霜을 하도 겪고 키도 도로 졸아 들고
허루히 초개草芥에 숨겨 찾는 이도 없도다.

한 옆에 늙은 금호金虎 수심을 겨우는 가을
모악母岳의 해 보내고 낙타駱駝등 달을 맞으며
담장이 화관花冠을 쓰고 절로 빛을 내도다.

122 『野談』 4권 10호, 1938. 10.

백송白松

일명一名 삼엽송三葉松

저 건너 벍벍언 담머리 서 있는 백송白松 나무
홀로 우뚝하여 파란 닢 하얀 껍질
오백 년 풍우風雨 겪고 변할 줄을 모르나다.

높은 그 가지마다 백학白鶴이 깃들이고
밋밋한 몸둥어리 서릿발 어리우고
칠팔월七八月 따가운 볕에 찬바람이 일어라.

구름[123]

새벽 동쪽 하늘, 저녁은 서쪽 하늘
피어나는 구름 그 빛과 그 모양을
꽃이란 꽃이라 한들 그 같이 고우리.

그 구름 나도 되어 허공에 뜨고 싶다.
바람을 타고 동東으로 가다 서으로 가다
아무런 자최가 없이 슬어져도 좋으리.

죽엄[123]

항시 이 우주宇宙를 바늘귀처럼 보이노니
겨오 진힌 목숨 실낱보다 더 가늘고
태양太陽도 너의 앞에는 빛을 아조 잃었다.

아아. 이 세상世上은 괴로움도 그만이다.
가장 사랑하는 그 육신을 벗어나서
외로운 너의 령혼은 그 어대로 가랴느뇨.

---

123 『野談』 4권 11호, 1938. 11.

수송垂松[124]

—신촌역新村驛 부근附近에 있는 진귀珍貴한 소나무.
뒤 집 뒤 언덕에 서서 거의 죽어간다—

검고 영이 지고 늙고도 병든 몸이
청처짐 처진 어깨 팔은 무릎을 지나가고
쨍쨍한 볕을 이고 서서 숨이 거의 잦는다.

---

124 『野談』 4권 12호, 1938. 12.

그리운 그날[125]

종달이 귀가 솔고 하루살이 눈에 드다.
진펄밭 옹곳 캐고 뫼를 올라 고사리 꺾고
방 안에 오또기 앉어 글을 외기 싫여라.

풀도 없는 강변 쬐는 볕은 따가워라.
모래로 놀이 삼어 날마다 물에 살고
옷처럼 검은 몸둥이 빛은 아니 나드니라.

콩서리 하여다가 모닥불에 구어 먹고
밀방석 한 머리 신삼는 늙은이 졸라
끝없는 옛날 이야기 밤을 짧어하였다.

그 겨울 동지 섯달 치위도 모르든지
눈 속에 발을 벗고 동모와 달음질 치고
볏가리 고드름 따다 니를 서로 겨르다.

---

125 『三千里』 11권 1호, 1939. 1.

매화梅花[126]

—고목古木된 야매野梅를 수 년數年 기르다 얼어 죽이고—

외로 더져 두어 미미히 숨을 지고
따듯한 봄날 돌아오기 기다리고
음음한 눈 어름 속에 잠을 자던 그 매화梅花.

손에 이아치고 바람으로 시달리다
곧고 굳은 성ㅅ결 그 애를 못석이고
맺었던 봉오리 하나 피도 못한 그 매화梅花.

닥어오는 치위 천지를 다 얼려도
찾어 드는 볕은 방으로 하나 차다.
어느 뉘[世] 다시 보오리 자최 잃은 그 매화梅花.

126 『文章』1권 2호, 1939. 2.

밤[栗][127]

—고향故鄕집에서 밤을 두어되 보냈다—

그 봄날 심은 그 밤 이리도 굵었으리.
가을바람에 외오 굴어 들은 알암
잊었던 옛날 그 맛을 다시 알려 주어라.

그리 보배로운 과일은 아니라도
이나마 나의 고향故鄕 그립던 풍물風物이니
한두 개 상머리 남겨두어 두고 보리라.

127 『野談』5권 2호, 1939. 2.

난초蘭草[128]

빼어난 가는 닢새 조는 듯 보드롭고
자짓빛 굵은 대공 하얀한 꽃이 벌고
이슬은 구슬이 되어 마디마디 달렸다.

본대 그 마음은 깨끗함을 즐겨 하여
정한 모래 틈에 뿌리를 서려 두고
미진微塵도 가까히 않고 우로雨露 받어 사느니라.

128 『文章』1권 3호, 1939. 3.

비[129]

짐을 매어놓고 떠나려 하시는 이날
어둔 새벽부터 시름없이 나리는 비
내일來日도 나리오소서 연일連日 두고 오소서.

부디 머나먼 길 떠나지 마오시라
날이 저물도록 시름없이 나리는 비
저으기 말리는 정은 날보다도 더하오.

잡었든 그 소매를 뿌리치고 떠나신다.
갑자기 꿈을 깨니 반가운 빗소리라.
매어둔 짐을 보고는 눈을 도로 감으오.

---

129 『新世紀』 1권 3호, 1939. 3.

시마詩魔[130]

그 넓고 넓은 속이 유달리 으스름하고
한낱 반딧불처럼 밝었다 꺼졌다 하여
성급히 그의 모양을 찾어내기 어렵다.

펴든 책冊 도로 덮고 들은 붓 더져두고
말없이 홀로 앉어 그 한 낮을 다 보내고
이밤도 그를 끌리어 곤한 잠을 잊는다.

기쁘나 슬프거나 가장 나를 따르노니
이생의 영과 욕과 모든 것을 다 버려도
오로지 그 하나 만은 어이 할 수 없고나.

---

130 『詩學』 2집, 1939. 5.
『新調』 제3집, 1953. 12.

호암묘湖岩墓[131]

소나무 밤나무 숩을 돌고 넘어 잔디 비알
이미 버리신 몸 흙이 도로 되엇슨들
뫼와 들 고운 이 골을 넉시라도 반기리.

보다 깃븐 날이 행혀나 올가 하여
타는 그 속을 참고 이다 가신 그를
차저도 들릴 말 업서 꼬츨 심어 들엿다.

쓰시든 붓과 먹은 좀 나고 곰슬어도
귀한 그 글발을 서로 두고 기리나니
생각은 오히려 남어 날로 더욱 빛난다.

131 『朝鮮日報』, 1939. 11. 1.

고서古書[132]

더져 놓인 대로 고서古書는 산란散亂하다.
해마다 피어 오든 수선水仙도 없는 겨을
한 종일終日 글을 씹어도 배는 아니 부르다.

좀먹다 석어지다 하잔히 남은 그것
푸르고 누르고 천 년千年이 하로 같고
검다가 도로 힌 먹이 이는 향은 새롭다.

홀로 밤을 지켜 바라든 꿈도 잊고
그윽한 이 우주宇宙를 가만이 엿을 보다
빛나는 별을 더불어 가슴 속을 밝히다.

132 『文章』2권 3호, 1940. 3.

축 창간 이십 주년祝創刊二十週年[133]

황토黃土 한 마루에 엄연히 지혀 서서
빛나는 그 깃발을 봄ㅅ바람에 번드기매
인왕仁王도 부아負兒와 함께 보고 또한 반긴다.

아침저녁으로 제여곰 기다리다
그의 입으로 부르짖는 소리 들어
어리고 어둡든 귀마자 새로 점점 밝는다.

지난 그 나히야 얼마나 끔즉하리.
보다 자라남을 날로 더욱 바라노니
이 날을 한 돌로 삼어 몇 만 돌을 돌아라.

133 『東亞日報』, 1940. 4. 2

그 방[134]

깨운 적도 없이 자다 일어 앉었다가
다시 누우면 잠도 그저 아니 오고
싸늘한 실바람만이 이마 우로 회돈다.

몇 분盆 난蘭과 함께 매화梅花를 방에 두고
옆의 솟은 벽壁이 처마보다 더 높아라.
비끼는 별이나 보려 창窓을 새로 갈었다.

홍도 시름처럼 때로 잊을 수 없어
흐린 등과 벗에 거리로 헤매느니
이 밤의 비인 그 방을 달이 홀로 지켜라.

134 『文章』 3권 4호, 1941. 4.

답교踏橋[135]

늦은 밤을 타서 다리 우로 나가 보니
다만 그림자 밖에 따르는 이 다시 없고
뚜렷한 그 모양으로 달은 절로 비친다.

힘찬 걸음으로 다리마다 다 밟어 보고
달에 취하다가 술로 도로 깨어 보고
밝앟게 새우든 밤은 그의 탄식嘆息이거니.

다리를 밟는 마음 아직도 애전하다.
북악北岳 한 머리에 허옇게 눈이 쌔고
날카론 찬바람 끝은 뺨을 자조 에인다.

135 『新世紀』 3권 6호, 1941. 6.
『春秋』 3권 1호, 1942. 1.

파랑새[136]

파랑새 날어 오면 그이도 온다더니
파랑새 날어 가도 그이는 아니 온다.
오날도 아니 오시니 래일이나 올는가.

기둘려 지는 마음 하루가 백년 같다.
새로 이가 나고 힌머리 다시 검어라.
그이가 오신 뒤에야 나는 죽어 가리라.

---

136 『朝光』7권 12호, 1941. 12.

녹음송綠陰頌[137]

구름 한 점 없고 해는 동동 떠 있다.
풀도 없는 길에 몬지만 자조 일고
가로수街路樹 시드는 그늘 더운 바람 밀린다.

나는 바다보다도 산山으로 가고 싶다.
돌새암 졸졸이는 골마다 그늘 깊고
미미히 이는 바람도 파도波濤처럼 서늘하다.

137 『新時代』2권 7호. 1942. 7.

나오라[138]

밝어오는 이날 새로운 이 뫼와 이들
도는 그 기운 가을도 봄이어라.
시드던 나무도 풀이 도로 살어나누나.

일즉 님을 여히고 이리저리 헤매이다
버리고 더진 목숨 이루 헬 수도 없다.
웃음을 하기 보다도 눈물 먼여 흐른다.

다행이 아니 죽고 이날을 다시 본다.
낡은 터를 닦고 새집을 이룩하자.
손마다 연장을 들고 어서 바삐 나오라.

—一一, 一二日—

138 『解放記念詩集』, 1945. 12. 12.

천량[139]

혀만 놀리지 말고 팔 다리를 움직여라.
찬란한 영웅보다 순실한 일ㅅ군이 되라.
보배로 전하는 천량 감대로만 남었다.

139 『革命』 1권 1호, 1946. 1.

삼 · 일三·一날[140]

파란이 만코 만흔 홍미로운 우리 일생
피로 이룬 바다 배를 이어 오지마는
그들은 이름조차도 알랴 알길 업고나.

바라는 그 언덕은 아직 이르지 안혓다.
이는 물ㅅ결은 고래처럼 넘실거린다.
사공아 힘을 독구어 노를 바삐 저어라.

140 『서울신문』 1946. 3. 1.

횃불[141]

지루한 그 밤 다 가고 먼동이 트이더니
구름이 밀려들어 도로 컴컴하여라.
나가려 나가려 하다 지행 몰라 하누나.

우리를 사랑하는 거룩한 님이시어.
우리를 사랑하는 거룩한 님이시어.
해 같은 횃불을 잡고 앞을 서어지이다.

141 『東亞日報』, 1947. 1. 1.

길[142]

종일 피로하여 걸음이 아니 걸린다.
그려도 아직 발은 멈출 수 없다.
가다가 쓰러져 버리면 넋이라도 가리라.

지난 팔월 이후 해방은 되었다마는
주리고 병들어 송장이 길에 썩고
아직도 삼십팔도는 트이지를 않는다.

나의 사랑하고 믿는 그대들이여.
불이듯 하는 그 정렬이 행여 식을쎄라.
정렬이 식은 그 가슴은 빙해보다 추워라.

(4279. 7. 3.)

142 『한얼』 2호, 1947. 3.
『현대시조선총』, 1958,

해방 이후[143]

지난 팔월 이후 해방은 되었다지만
주리고 병들어 송장이 길에 썩고
아직도 삼십팔도三十八度는 트이지를 않는다.

나의 사랑하고 믿는 그대들이여
불이듯 하는 그 정열情熱이 행여 식을세라.
정열情熱이 식은 그 가슴은 빙해氷海보다 칩어라.

143 『朝鮮詩集』, 朝鮮文學家同盟編, 1947. 3. 20.

나의 조국祖國[144]

물은 흐리다 맑다 뫼들은 검다붉다
무덤을 짓다 밭을 풀어 씨를 삐다
잃었다 다시 찾어 온 나의 조국祖國 아닌가.

성급히 빼든 칼을 가만이 도로 지어라.
죽어도 넋이라도우리를 못 잊는 어버이
그 피를 나누어 받은 나의 오누 아닌가.

우리 가는 길이 점점 가까워 온다.
손을 서로 들어 만세萬歲를 부르짖으며
내일의 에덴보다도 워싱톤을 바란다.

—삼일三一을 앞두고

144 『文化』 1권 1호, 1947. 4.

국어대사전 간행 축 國語大辭典刊行祝[145]

따로 말을 가지고 몇 만 년 살어온 이 겨레도
집마다 책상冊床머리 없지 못할 이런 글을
이제야 천신만고해 겨오 한권 내거니.

가엽던 까망눈도 모두 밝어들 지고
고 다음 다음 권을 하루바삐 기다리고
집마다 다 쌓아두고 기념탑紀念塔을 삼으리.

145 「國語大辭典刊行祝」, 『新民日報』, 1948. 4. 6.
「조선말큰사전 간행을 축하함」, 『한글』, 제13권 제2호, 1948. 6.

홍원감방洪原監房에서[146]

어뜩 새벽부터
반히 트이는 하늘

가로 두른 선은
담록淡綠과 연분홍빛

내 매양 자고 일어나
거울 삼어 보노라.

이쏘시개 바늘 삼어
해진 옷을 얽어매고

밥풀을 손에 이겨
단초를 만들어 달고

따뜻한 볕을 향하여
이 사냥을 하노라.

146 『豊文』 창간호, 1949. 6.

조을다 깨고 보니
산듯한 별이 난다.

한나절 오던 눈이
지붕마다 소복하고

흐리든 구름 걷히며
파란 하늘 돋는다.

전혀 이 세계는
자비慈悲와 평등平等과 지정至情

숭도 허물도
새우고 다툼도 없고

궂브고 궂븐 눈물만
겨워 겨워 하여라.

비[147]

기껏 온단 것이 몬지도 못 축이고
우물도 마르고 모기만 성하더니
갑자기 우루룽거리며 비가 마구 쏟아진다.

개와 처마에는 폭포瀑布가 내려지고
뒤안 판장板墻 밑으로 홍수洪水가 밀려오고
뜰 앞은 강江을 이루어 선유船遊라도 함즉하다.

낙수落水에 목욕沐浴하며 계손溪蓀은 춤을 추고
한편에 졸고 있던 계桂도 난蘭도 웃는다.
나는 그 두어둔 병을 내어 손에 한 잔 들었다.

四二八五. 八. 二七　전주全州 양사재養士齋서

147 『時調研究』1호, 1953. 1.

근음 삼수近吟三首[148]

홀로 우뚝 솟아 피어나는 백화근白花槿이
백련白蓮도 새울 만큼 탐스럽고 말쑥하다.
진실로 백의白衣의 나라 이 겨레의 꽃 아닌가!

－백화근白花槿

선왕골 파라시는 아직도 아니 붉고
기린봉麒麟峰 열무 팔미八味의 하나라지
배급 탄 안남미安南米밥도 이 맛으로 먹히네.

－열무

비 한 번 지난 뒤엔 귀또리 방에 울고
발과 전등電燈 가에 힘없이 나는 모기
참혹헌 패잔병敗殘兵처럼 지행할 바 모르네.

－모기

---

148 『新調』 제3집, 1953. 12.
주[註] 완산팔미(完山八味): 一. 기린봉(麒麟峰) 열무 二. 선왕골 파라시(조홍시 早紅柿) 三. 상관(上關) 게(한내게) 四. 오목대(梧木臺) 황포(黃脯)(묵) 五. 소양리(昭陽里) 서초(西草) 六. 남천(南川) 모자(모라무지) 七. 신풍리(新豊里) 호박 八. 삼례(參禮) 무수

농촌화첩農村畵帖[149]

구릉丘陵 구릉丘陵 구릉丘陵 그 사이사이 마을
금만경金萬頃 회아밋들 한 편엔 임익臨益 평야平野
진실로 남국南國의 옥토沃土 제일第一 곡창穀倉 아닌가!

잔디 비알 이뤄 갓 배추 심어 두고
진펄이라도 밀 보리 밭을 삼고
말만한 큰아기들이 똥오좀을 이고 온다.

쌀값은 떨어지고 부렴賦斂은 더럭 불어
풍년豊年은 들어도 벼 한 섬 둘 것 없고
새봄만 돌아온다면 도로 주릴 뿐이라네!

149 「農村畵帖」, 『協同』 42호, 1954. 2.
「農村畵帖 (二)」, 『가람문선』, 1968.

신춘新春[150]

잠시 한가로워
늦윽이 일어났다.

또한 새해라 하기
나 한 살 더한 양하고

매화梅花와
난초蘭草로 더불어
술을 적기 마셧다.

갑오년甲午年 동학란東學亂이
새로이 생각난다.

영웅英雄의 일이란
홍망興亡은 말할 것 없다.

지금에 봉준準이 있다면
어드런 이 되었을고.

－四二八七年 二月 四日－

---

150 『全北日報』, 1954. 3. 9.

별[151]

보리잎 포릇포릇
종달이 종알종알

나물 캐던 큰아기도
바구니 더져두고

따뜻한 언덕 머리에
코노래만 잦었다.

별이 솔솔 스며들며
옷이 도리어 주체스럽다.

바람은 한결 가볍고
구름은 동실동실

이 몸도 저 하늘로
동동 떠오르고 싶어라.

—二月 十二日 원대圓大 가는 길에—

151 『三南日報』, 1954. 3. 6.

추석秋夕[152]

우리 전통傳統이던
즐거운 한가위 시절

곡식은 다 여물고
나라도 조용하다.

양사재養士齋
이날 아침에
홀로 앉아 마신다.

창고倉庫인
통근차通勤車에
걸상이 놓여 있고

징용徵用 간
노무자勞務者들은
웃으며 다 돌아오니

152 『國語文學』 2권 3호, 1955.

좁히던
수미愁眉 수미愁眉도
적이 아니 펴일까.

－四二八六. 추석秋夕－

낭이꽃[153]

밤이면 그 밤마다 잠은 자야 하겠고
낮이면 세 때 밥은 먹어야 하겠고
그리고 또한 때로는 시詩도 읊고 싶고나.

지난 봄 진달레가 올봄에 피는 진달레가
지난 여름 꾀꼬리와 올 여름에 우는 꾀꼬리가
그 얼마 다를가마는 새롭다고 않는가!

태양太陽이 그대로라면 지구地球는 어떨건가
수소탄水素彈 원자탄原子彈은 아무리 만든다드라도
낭이꽃 한 잎에겐들 그 목숨을 뉘 넣을가.

153 『三南日報』, 1955. 1. 1.
『現代文學』, 1955. 3.

을미 원조乙未元朝[154]

영하零下 십오도十五度의
대한大寒도 다 지내고

잦었던 눈도
어제부터 다 녹이고

뜰 앞의 매화梅花 봉오리도
볼록볼록 하고나.

한잠 나고 나면
꿈만 시설스러웠다.

이 늙은 몸에도
이게 벌서 봄 아닌가.

일깨어 손주와 함께
뛰고 놀고 하였다.

154 『全北大學校報』, 1955.1.31.

한 분 수선화水仙花는
농주를 지고 있고

여러 난蘭과 난蘭은
입세만 피런한데

호올로 병을 기울려
국화주花酒를 마셨다.

새벽[155]

돋는 새벽빛에 창窓살이 퍼런하다.
백화등白花藤 향香은 상牀머리 떠돌고
꾀꼬리 울음은 잦어 여윈 잠도 잊었다.

송화松花 누런 가루 개울로 흘러 오고
돌담 한 모르에 시나대 새순 돋고
차茶밭엔 차茶잎이 나니 차茶나 먹고 살을가!

- 四二八六. 六. 一八.-

155 『새벽』, 1955. 2.

도중점경 途中點景[155]

고랑 달앙바미 살얼음 끼어 있고
퍼런 보리밭에 가마귀 날어 앉고
들 넘어 먼 산山머리론 아지랑이 잦었다.

산山은 산山이로되 돌이나 흙만 남어
솟적새 한 마리 깃들일 곳이 없고
갓 나는 잔솔포기는 그 언제나 자랄는고!

나아가고 보면 점점 트이는 이 골
강江과 바다 끼인 옥야沃野 천부天府이지만
갈 들어 거둔다 해도 남을 것이 없다네.

정원庭園의 가을[155]

우북히 솟아나던 차茶나무 다 베어 가고
상수리 익기도 전에 다토아 다 따아가고
두어 대 산山옻나무의 단풍잎만 빨갛고나.

난蘭을 사랑하던 마음 무와 배추로 옮겨
그 가믐 그 더위와 함께 타고 오그라지다
지난 밤 소낙비 듣고 나도 도로 젊었다.

고향故鄕으로 돌아가자[156]

—추수秋水에게

고향으로 돌아가자 나의 고향으로 돌아가자.
암데나 정들을진댄 못 살 리 없으련마는
그래도 나의 고향이 아니 가장 그리운가!

방과 곳간들이 오롯이 잿더미 되고
장독대마다 질그릇 쪼각만 남았으나
게다가 움이라도 묻고 다시 살아 봅시다.

삼베 무명옷 입고 손마다 괭이 잡고
묵은 그 밭을 파고 파고 이루고
그 흙을 다시 걸구어 심고 걷고 합시다.

(갑오 세모甲午歲暮)

156 『現代文學』1권 7호, 1955. 7.

나의 화단花壇[157]

청매青梅

청매青梅는 다믄다믄 피인 지 20여 일
꽃은 다 져도 푸른 다대와 여의
그리고 싱동싱동한 향은 그저 남었다.

청매青梅는 아니 늙고 외롭지도 아니하다.
푸른 가지에 퍼런 움이 돋아난다.
오늘쯤 파란 새들도 찾어올가 시브다.

157 「나의화단:青梅/風蘭/白蓮」, 『새벽』 2권 4호, 1955. 7.
「青梅(二)」, 『가람문선』, 1966.
「風蘭」, 『현대문학』 6권 6호, 1960. 6.

풍란風蘭

닢이 빳빳하고도 오히려 영롱玲瓏하다.
석은 향나무 껍질에 옥玉같은 뿌리를 서려두고
청량靑凉한 물기를 머금고 바람으로 사노니.

꽃은 하이하고도 여린 자연紫煙 빛이다.
높고 조촐한 그 품品이며 그 향香을
숲속에 숨겨 있어도 아는 이는 아노니.

백련白蓮

두어 해를 두고 캐다 옮기면 죽고 죽어
괴인 시궁 물에 새로 다시 심은 백련白蓮
새 잎은 나오다 말고 뿌리 먼여 석는다.

노깡을 밑을 막어 질흙과 해감을 넣고
세 마디 뿌리를 캐다 다시 심은 백련白蓮
두어 대 꽃순이 솟아 벌어지는 이 아침.

비[158]

오랜 가물 끝에
시나부로 내리는 비

하늘만 바라던 논도
거의 다 심어 가고

뒤로도 이어 온다면
올도 또한 풍년豊年이오.

158 『三南日報』, 1955. 7. 31.

해인사海印寺[159]

첩첩히 솟은 봉엔
지나는 비와 구름

십十여 리 은윽한 골
옥玉같은 바위와 물

물 따러 오르는 곳마다
롱산정山亭이 이 아닌가.

솔숲 짙은 그늘
바위에 누어도 보고

물을 손으로 웅켜
귀를 씻어도 보고

괴롭던 시름도 더위도
갑자기 다 잊었다.

159 『三南日報』, 1955. 8. 26.

일주一周 구광九光 대탑大塔 심검尋劍
궁현窮玄과 불전佛殿 법당法堂

차례로 층층대台에
높이 솟았는데

칠당七堂은 팔만대장경八萬大藏經
판전각板殿閣이 되었다.

(八. 一六日)

살릴 이[160]

비가 열흘만 아니 와도
모다 하늘을 탓하고

비가 사흘을 이어와도
또한 하늘을 탓하노니

진실로 천제天帝의 노릇도
요순堯舜보다 어렵다.

흉년凶年도 두려워 말고
전쟁戰爭도 두려워 말라.

송장이 여기저기
산山처럼 쌓였다 하자

그러도 우리 인간人間은
살릴 이는 사느니라.

160 『現代文學』1권 10호, 1955. 10.

내 한생生[161]

한 몸이 지은 짐이 너무나 무거웠다.
그 짐을 다 버리고 이리저리 가고 오매
새로히 두 어깨 밑에 날개 난 듯 하고나.

쌀값은 높아가며 양화洋貨는 범람汎濫하고
거리거리에 자동차自動車 추럭 뻐—스
이것이 서울특별시特別市 새 풍경風景이로구나.

늙어 가면서도 술잔은 놓을 수 없고
또 늙어 가면서도 분필粉筆은 더질 수 없다.
분필粉筆과 술잔으로나 내 한생生을 보낼까.

161 『全北大學校報』, 1956. 6. 23.

농촌農村의 명랑明朗[162]

가을은 명랑明朗하다 이 갈도 또한 명랑明朗하다.
피땀에 젖은 곡식 다 톡톡이 여물었다.
흐뭇한 농촌農村의 마음 해보다도 명랑明朗하다.

오려를 서리하고 무 배추 저리 하고
살진 개 찜을 하고 밤 대추 군것하고
밤이면 한 방에 모여 춘향春香 심청深淸 들을가.

가시 사립문을 아여 닫을 것 없다.
달은 비껴가고 밤은 더욱 고요하다.
낮에도 서울에서는 강도强盜 자주 난다 한다.

– 4289. 9. 26 야夜

---

162 『새벽』 3권 6호, 1956. 11.

고향[163]

닭이 자조 울고 산머리 달은 잦고
푸나무 들 언덕 상긋한 새벽 바람
너무도 익은 이 길에 발도 한결 가볍다.

달은 넘어가고 먼동이 밝어온다.
누런 보리밭 종달새 소리 소리
마을의 곤한 잠들은 몇몇이나 깼는지.

어제 선거에는 누가 당선하였을까.
고샅 고샅에 모이어 수군수군
말마다 남녀노소가 모다 정객이었다.

(一九五〇年)

---

163 『農民生活』18권 11호, 1956. 11.

외로운 이 마음[164]

입동立冬이 머잖은데 아직도 날씨는 덥다.
어제 두어 잔 찬술을 마셨더니
이 밤이 들기도 전에 배가 자주 끓는다.

잠은 든숭만숭 꿈으로 밤을 보냈다.
그리고 피곤疲困 한 몸이 일어나기도 싫다가
첫새벽 참새 소리에 오도悟道한 듯하고나.

한 포기 꽃도 없는 사막沙漠과 같은 이 생활生活
부귀富貴나 영화榮華는 아예 바랄 것 없거니와
한 나이 더해갈수록 더 외로운 이 마음.

164 『現代文學』 3권 8호, 1957. 8.

국제시장國際市場[165]

간밤 오던 눈이 두어 자나 쌓였다.
급행急行 열차列車가 연착延着 이십여二十餘 시간時間
그 좁은 곳간 속에서 모다 징역을 하였다.

다시 와서 보니 부산釜山은 국제시장國際市場
눈 녹은 거리거리 사뭇 수렁이다.
그러도 어깨를 마구 비비대며 사람들 밀어온다.

165 『현대시조선총』, 1958.

근영 이편近咏二編[166]

농인農人의 말

지루한 고통苦痛보다는 차라리 자살自殺이 쾌하다.
그 전쟁戰爭 끝에 강도强盜는 자조 나고
해마다 풍년豊年은 들어도 주려 죽게 되었다.

상인商人의 말

팔리긴 팔린다 해도 배꼽이 배보다 크다.
왜물倭物 양물洋物 등 화장품化粧品 나이롱으로
한종일 분주奔走하면서 주판珠板은 아니 맞는다.

—四二九○. 六. 一九—

166 『現代文學』 4권 5호, 1958. 5.

매梅 · 수선水仙 · 난蘭 · 국菊[167]

영하零下 십오 도十五度의 대한大寒도 다 지내고
잦었던 눈도 어제부터 다 녹이고
뜰 앞의 매화梅花 봉오리도 볼록볼록 하고나.

한잠 자고 나면 꿈만 시설스러웠다.
이 늙은 몸에도 이게 벌서 봄 아닌가.
일깨어 손주와 함께 뛰고 놀고 하였다.

한 분盆 수선水仙은 농주를 지고 있고
여러 난蘭과 혜蕙는 잎새만 퍼렁한데
호올로 병을 기울러 국화주菊花酒를 마셨다.

—四二八八. 一. 二四—

167 『自由文學』 3권 12호, 1958. 12.

청매青梅[168]

몹시 칩고 칩던 소·대한小大寒도 지내고
눈이 내리다 비가 줄줄 내린다.
텡 비인 나의 그 방에 청매화青梅花도 다 폈다.

천정天井과 네 벽에는 거미줄이 쳤는데
쥐나 쏠고 좇는 고서古書가 쌓여 있고
몬지 낀 책상冊床머리에 등만 외오 밝었다.

외고 남북南北은 멀고 아직도 밤은 길다.
어린 손녀孫女와 그 방에 홀로 누어
청매화青梅花 그것을 보고 날인가도 여기소.

168 「青梅」, 『자유문학』 4권 4호, 1959. 4.
「青梅(四)」, 『가람문선』, 1966.

풍란風蘭[169]

잎이 빳빳하고도 오히려 영롱玲瓏하다.
석은 향나무 껍질에 옥玉같은 뿌리를 서려 두고
청량淸凉한 물기를 머금고 바람으로 사노니.

꽃은 하이하고도 여린 자연紫煙 빛이다.
높고 조촐한 그 품品이며 그 향香을
숲속에 숨겨 있어도 아는 이는 아노니.

난蘭과 매梅[169]

난蘭을, 난蘭을 나는 캐어다 심어도 두고
좀먹은 고서古書를 한 옆에 쌓아도 두고
만발滿發한 야매野梅와 함께 또 한해를 맞았다.

다만 빵으로서 사는 이도 있고
영예榮譽 또는 신앙信仰으로 사는 이도 있다.
그러나 나는 이 세상을 이러하게 살고 있다.

---

169 『現代文學』 6권 6호, 1960. 6.

오목대梧木臺[169]

뒤에 오목대梧木臺를 나는 매양 오른다.
허술한 주역각駐驛閣은 외로이 서 있으며
즐비櫛比한 몇 만萬 가옥家屋이 내려다 다 보인다.

그 옆의 자만동滋滿洞은 목조穆祖의 고적지古蹟地요
그 뒤의 발산鉢山은 이르노니 발이산發李山
과연 그 오백 년五百年 왕기王氣가 여기 결인結因하였던가.

그 여름도 갔다[170]

갑자기 쥐 구녁으로 소낙비 홍수가 일고
책장 벽틈으로 빈대는 강도처럼 나서 쇠잔한
이 몸의 피를 뽑던 그 여름도 갔다.

테 멘 사기분砂器盆의 난蘭은 잎이 누르고
노관爐管의 연蓮은 꽃이 나오다 말고
한 옆의 짓은 풀섶엔 귀또리도 아니 운다.

아직 무덥고 무더워 썩고 썩은 내음새
다만 괴자리 파리 성할 대로 성한다.
그러나 모진 서릿바람이 닥칠 날이 머잖다.

170 『時調文學』 4집, 1962. 5.

산길[171]

눈이 많이 오고 기어 바람이 불다.
이 저녁 어둔 날의 좋은 곳을 잡아 두고
산으로 밤 솔 상수리 나무들 휘휘 지어 하고라.

마을 길을 얻어 고개 하나 건너가고
물소리 내 귀 어린 양양거리고
새소리 이 골 저 골에 이요 저요 알리다.

171 『藝術院報』8호, 1962. 12.

박연폭포朴淵瀑布[172]

이제 산山에 드니 산山에 정이 드는구나.
오르고 나리는 길 괴로움을 다 모르고
저절로 산인山人이 되어 비도 맞어 가노라.

이 골 저 골 물을 건느고 또 건느니
발밑에 우는 폭포 백百이요 천千이러니
박연朴淵을 이르고 보니 하나밖에 없어라.

봉머리 일던 구름 바람에 다 날리고
바위에 새긴 글발 메이고 이지러지고
다만 이 흐르는 물이 궂지 아니 하도다.

---

172 『現代文學』14권 3호, 1968. 3.

시름[173]

그대로 괴로운 숨 지고 이어 가랴하니
좁은 가슴 안에 나날이 돋는 시름
회도는 실꾸리 같이 감기기만 하여라.

아아. 슬프단 말 차라리 말을 마라.
물도 아니고 돌도 또한 아닌 몸이
웃음을 잊어버리고 눈물마자 모르겠다.

쌀쌀한 되바람이 이따금 불어온다.
실낱만치도 볕은 아니 비쳐 든다.
찬 구들 외로히 앉어 못내 초조하노라.

173 『時調文學』 18집, 1968. 4

수우재守愚齋[172]

인자仁慈한 그 천성天性에 뛰어난 효성孝誠이
규모는 엄하시되 풍도風度는 너그럽고
지극至極한 간고艱苦를 겪고 새로 업을 이뤘다.

논을 파 못을 삼고 울 트고 뜰을 넓혀,
갖은 꽃나무 괴석怪石을 옮겨 두고,
고요한 창窓을 비기어 때로 내려보시다.

산山도 들도 아닌 이 골 숨으신 동우거사東愚居士
어리석을 우자愚字로 그 뜻을 감장하여,
이름을 우석우담愚石愚潭에 수우재守愚齋라 하였다.

II. 가람문선 수록

시조

홍원저조洪原低調

묵직한 철책문鐵柵門이 덜그럭 닫치는고나.
도몰아 이는 시름 가슴이 메어지고
하룻밤 지내는 동안 적이 수壽를 덜었다.

버버리 그저 있고 처녀處女는 어제 죽다.
발도 거지 않고 자리를 옮겨 앉아
우러러 철창鐵窓 너머로 달을 처음 보았다.

등은 깜박하고 까마귀 소리 난다.
창을 열뜨리고 허공을 바라보며
누긋한 호흡呼吸을 하여 새 기운을 흐루다.

어뜩 새벽부터 반히 트이는 하늘
가로 두른 선線은 담록淡綠과 연분홍빛
내 매양 자고 일어나 거울삼아 보노라.

세상 모든 일이 저절로 잊어지고
죽지 못하여 하찮이 남은 목숨
다만 그 아침 저녁으로 도야지를 기린다.

이쑤시게 바늘 삼아 해진 옷을 얽어매고
밥풀을 손에 이겨 단추를 만들어 달고
따듯한 볕을 향向하여 이 사냥을 하도다.

파란 하늘가에 빨간 노을이 돋고
까마귀 두어 마리 소리 없이 지나가고
앞지붕 지붕머리로 저녁볕은 잦았다.

졸다 깨어보니 산뜻한 볕이 난다.
한나절 오든 눈이 지붕마다 소복하고
흐리던 구름 걷히며 파란 하늘 돋는다.

뜰에 나던 볕이 창으로 다시 든다.
하루를 보내기 한해도곤 더디더니
어느덧 제 돌을 이어 또 가을이 되었다.

몹시 곤한 그 잠 숨소리 높아지고
빨간 숯불 곁에 간수看守도 녹으라지고
호올로 나는 그 밤을 등과 함께 밝히다.

바다를 앞에 두고 보랴 보든 못하여도
전진前津과 송도松島의 그 모양 그 이름과
아울러 파도波濤 소리는 귀에 이미 젖었다.

고토故土의 모든 풍물風物 몹시도 그리워라.
글월 한 쪽이 금쪽같이 귀엽고
무심無心한 기적汽笛 소리도 때로 나를 놀랜다.

몹시 기다리다 아이들 편지 보니
팔순八旬 된 아버지 주야로 염려하시며
차디찬 방에 겨오셔 이 겨울을 나신다고.

눈 언덕 다 꺼지고 볼은 옴폭 들어가고
뼈다귀 비어져 나무나 돌 같으되
맑고도 찰찰한 마음 전생前生 일도 다 헬레.

눈이 째고 째고 바람은 뼈를 에우는데
손마다 꾸러미 들고 찾아드는 아들 딸
머나먼 험한 이 길을 문턱처럼 여긴다.

그 밤을 자고 나면 도로 그날 그날이다.
짜고 누르고 뼈마저 다 녹인다.
전전前前에 없던 마음도 새로 지어 이르다.

이불을 반투어 덮고 숨도 죽이고 누워
조이는 마음 이와 함께 웅실이다
이 밤도 겨우 든 잠을 비가 도로 깨운다.

행여 돌아올까 나날이 기다리고
낡고 비인 집을 외로이 지키오며
차디찬 구들 위에서 밤도 낮을 삼으시다.

법을 도가니 삼고 형으로 망치질하여
불로 녹이고 물로 식히고 하여
이 몸을 저의 맘대로 쇠와 같이 다루네.

샅샅이 이 인간人間을 그물로 후려낸다.
한 번 걸리면 도마 위에 고기로다.
붉어진 백정白丁의 눈에야 온전한 소 있으리.

비단 같은 뫼이 겹겹이 둘러 있고
검은 구름 틈에 달은 반쯤 비껴 나고
어디서 음악音樂 소리는 은은하게 들린다.

보내는 그날 그날이 괴롭고 어렵더니
참고 견디어 도로이 버릇이 되어
참혹한 지옥地獄살이도 천당天堂으로 아노라.

손을 꼽작거려 사주팔자四柱八字도 보고
종이를 접어 개구리도 만들고
콩고물 찹쌀가루로 큰 잔치를 베푼다.

종일 꿇고 앉아 철창鐵窓만 바라본다.
몹시 소란하던 바람이 잠잠하고
얄포시 비끼는 볕도 들락 말락 하여라.

아직도 여염閭閻에는 고풍古風이 남았건만
팥죽도 없이 동지冬至도 지나가고
창살에 비끼던 볕이 한 치 남아 자랐다.

이 밤

벼룩과 빈대새끼 다투어 솔솔거리고
모기는 수없이 웅웅 엉기어 드나니
송장이 아닌 이 몸으로 이 밤 어이 새울까.

해방전解放前

—살풍경殺風景

갉아 두었던 붓이 거의 다 좀이 먹고
난蘭은 향香을 잊고 수선水仙도 자취 없고
상床머리 거문고마저 귀가 절로 어둬라.

화분花盆을 테를 메어 불 담아 곁에 두고
보던 책冊을 들어 문門틈과 구녁을 막고
설레는 바람소리나 반겨 자주 듣노라

우리 님

아아 우리 님을 밉다고 말을 마라.
갖은 그 얼굴을 일찍 보았는가.
단장만 하고 나서면 천하일색이려니.

호패뜨기

성근 숲을 지나 아늑한 언덕 밑에
토실土室 두어 간이 밝고도 조용하다.
사벽四壁엔 고서古書 만 권萬卷도 쌓아둠직하다.

며느리 손자들은 먼 산 나무를 가고
바둑 아니면 반드시 호패뜨기
제 마냥 셈든 양하며 권태倦怠 없는 일과日課다.

차라리 선하품도 긴 잠꼬대도곤 나으리.
자주 비를 들고 뜰이라도 쓸어 보라.
늙었다 하지를 말고 저 처어칠을 보라.

탱자울

그의 집 앞으로는 지나기도 두렵다.
겹겹이 둘러 둘러 가시성을 쌓았노니
지금도 안치安置를 받을 무슨 죄를 지었을까.

홍수洪水 맹수猛獸보다 음악陰惡한 이 세상世上에
탱자울은커녕 철옹성鐵瓮城인들 믿으리오.
갈외고 저히는 도적이 맘속에도 있느니.

갑오 원조甲午元朝

잠시 한가로와 느직이 일어났다.
또한 새해라 하기 나 한 살 더한 양하고
매화梅花와 난초蘭草로 더불어 술을 적게 마셨다.

갑오년甲午年 동학란東學亂이 새로이 생각난다.
영웅英雄의 일이란 흥망興亡은 말할 것 없다.
지금에 봉준琫準이 있다면 어드런 이 되었을꼬.

밀보리

지난 가을에는 거둘 것이 있었더냐.
어린 밀보리야 어서 잘 자라다오.
우리는 지금에 너나 바랄밖에 없다.

도림란道林蘭

난蘭의 만여 종萬餘種이 온 대륙大陸에 펼쳐 있다.
계손溪蓀 맥문동麥門冬도 난蘭이라 일컫는데
봄에 핀 이 일경一莖 일화一花가 정말 난蘭이었다.

하이얀 줄거리에 비취옥翡翠玉 같은 그 화관花冠
오늘 새벽에야 바야흐로 벌었다.
으늑히 떠 이는 향香에 나는 자못 놀랬다.

난蘭과 매梅

난蘭을 난蘭을 나는 캐어다 심어도 두고
좀 먹은 고서古書를 한 옆에 쌓아도 두고
만발滿發한 야매野梅와 함께 팔구 년八九年을 맞았다.

다만 빵으로서 사는 이도 있고
영예榮譽 또는 신앙信仰으로 사는 이도 있다.
그러나 나는 이 세상을 이러하게 살고 있다.

매화梅花

더딘 이 가을도 어느덧 다 지내고
울밑에 시든 국화菊花 캐어 다시 옮겨 두고
호올로 술을 대하다 두루 생각나외다.

뜨다 지는 달이 숲속에 어른거리고
가는 별똥이 번개처럼 빗 날리고
두어 집 외딴 마을에 밤은 고요하외다.

자주 된서리 치고 찬바람 닥쳐오고
여윈 귀또리 점점 소리도 얼고
더져둔 매화梅花 한 등걸 저나 봄을 아외다.

청매青梅 (一)

그저 밤은 길고 꿈만 어수선하다.
홀로 일어 앉아 희미한 달빛 속에
창窓 앞에 새로 피어난 청매화青梅花를 맡아 본다.

청매青梅 청매青梅 꽃은 나한羅漢의 마음이다.
너와 같다면 누가 싫다 하리.
진실로 저는 저로 하여 귀여움을 받느니.

청매青梅 (三)

봄마다 방긋방긋 구슬보다 영롱玲瓏하다.
낼모래면 다 필 듯 벗들도 오라 하였다.
진실로 너로 하여서 떠날 길도 더뎠다.

대체 복福이란 건 길고 짜를 뿐이다.
요夭니 수壽니 함도 이걸 일컫음인데
짜르고 긴 그 동안을 우리들은 산다 한다.

오늘 아침에야 봉 하나이 벌어졌다.
홀로 더불어 두어 잔을 마시고
좀먹은 고서古書를 내어 상床머리에 펼쳤다.

향香의 가을

노깡 화분花盆에다 백련白蓮을 심었더니
중추仲秋 초하룻날 두어 송이 피어났다.
그 향香을 함께 맡으려 벗을 오라 하였다.

뜰 밑 계손溪蓀과 섞어 봄비에 옮긴 국화菊花
잦은 진딧물과 그 장마를 다 겪고 나서
누르고 희고 붉으며 벌이 먼여 모여든다.

천지 그 변화를 나는 알 수가 없다.
완도莞島 해남海南서 온 유자柚子도 향이 없고
레몬꽃 한두 송이가 피어 홀로 뽐낸다.

꽃

꽃을 보려 하고 봄 오기를 바랐더니
새우는 찬바람 끝에 겨우 피려 하다
덧없이 퍼붓는 비에 그저 지고 말아라.

시루꽃너물

어린 밀보리가 몰라보게 자라 있고
누른 풀언덕에 파란 시루꽃너물
꽃마다 방긋방긋이 천국天國 같이 보이네.

공손수 公孫樹

여기 한 거물巨物이 있다. 갑오甲午는 병자丙子 임진壬辰의 난亂을 모다 겪었다.
만약萬若 그 팔을 편다면 온 동내洞內가 그늘지고 똑바로 선다면 구름도 이마로 스쳐 가고 그저 소박素朴 장엄莊嚴 침묵沈默, 그려도 봄은 봄 가을은 가을로서 천지天地와 함께 늙지를 아니한다.
내 마냥 그 앞을 지나면 절로 발을 적이고 고개도 아니 숙일 수 없다.

그 방[1]

깨운 적이 없이 자다 일어 앉았다가
다시 누우면 잠도 그저 아니 오고
싸늘한 실바람만이 이마 위로 회돈다.

몇 분盆 난蘭과 함께 매화梅花를 방에 두고
옆에 솟은 벽壁이 처마보다 더 높아라.
비끼는 별이나 보려 창窓을 새로 갈았다.

홍도 시름처럼 때로 잊을 수 없다.
술과 벗에 팔려 이리저리 헤매는 이 밤
휑그렁 비인 그 방을 달이 와서 지킨다.

1 『가람文選』(신구문화사, 1968)의 작품과 『문장』(1941. 4)의 작품이 끝 구절 다름.

창窓[2]

우리 방으로는 창窓으로 눈을 삼았지만
종이 한 장으로 우주宇宙를 가렸지만
영원永遠히 태양太陽과 함께 밝을 대로 밝는다.

너의 앞에서는 술 먹기도 두렵다.
너의 앞에서는 참선參禪키도 어렵다.
진귀珍貴한 고서古書를 펴어 서권기書卷氣나 기를까.

나의 추醜와 미美도 네가 가장 잘 알리라.
나의 고苦와 락樂도 네가 가장 잘 알리라.
그러나 나의 임종臨終도 네 앞에서 하려 한다.

2 『새시대문학』 11호, 1972. 1.

발[簾]

종이 한 장으로 우주宇宙를 가려도 보고
발을 내리고 그 밖을 내다도 본다.
때로의 다름은 있더라도 나는 나로 살련다.

철鐵의 장막帳幕도 아니고 죽竹의 장막帳幕도 아니다.
세계世界를 누르려는 적이 야심野心도 없다.
나는 나 이러하면서 자유自由롭게 살련다.

나는 한 국민國民으로 태양계太陽系의 위성衛星이다.
우주宇宙에 태양太陽은 다만 하나이지만
인간人間의 태양太陽은 너무 많고도 많다.

천정天井

가장 가찹고 사랑스러운 조그마한 나의 하늘
매양 그 아래서 앉고 서기도 한다.
그러나 아주 적연寂然히 눕고 싶지는 않다.

순란絢爛한 초화草花들이 향기香氣 듯는 듯하고
쥐는 까만 눈으로 나를 노려도 보고
둥덩둥 하는 소리는 음악音樂으로 들을까!

나의 천정天井으로 너의 운동장運動場을 삼고
나의 뒤주를 너의 곳간으로 삼고
네 비록 쓸고 좃은 들 내 집이야 기울랴.

산초山椒

산山비탈 바위서리 오르고 내리다가
가시덤불 속에 붉은 산초山椒를 따아
두어 말 짜아낸 기름 겨우 한병 되어라.

대로 등을 하여 상牀 위에 두어 두고
노랑 산초山椒 기름, 하이얀 새솜 심지
돋우고 혀는 불보다 향香이 더욱 맑아라.

마을 아니라도 초도 석유石油도 없는 이때
어인 등을 얻어 긴긴 이 밤 다 새우리
보고도 보고픈 글을 잠시 펴어 보노라.

처妻

귀히 자란 몸에 정주도 모르다가
이 집 들어오며 물 긷고 방아 찧고
잔 시늉 안한 일 없이 가는 뼈도 굵었다.

맑은 나의 살림 다만 믿는 그의 한 몸
몹시 첨약하고 병도 또한 잦건마는
그래도 성한 양으로 참고 그저 바궈라.

나이 더하더라도 마음이야 다르든가.
백 년百年 동안이 만나던 그날 같고
마주 푼 귀영머리는 나보다도 검어라.

이미 맺은 인연 그대로 이고 이어
다시 태어나되 서로 바꾸어 되어
이생의 못 다한 정을 저생에서 받으리.

이리裡里서

—두계斗溪와 동숙同宿하며

떠나가시는 길에 이리로 다시 만나
잔뜩 취한 술을 감과 밤으로 깨고
따뜻한 구들에 누워 옛날 일을 말했다.

나진羅津·임보환군林普桓君에게

눈에 이는 바람 벽壁으로 스며들어
책상冊床 머리에 매화梅花도 얼리는 밤을
병病짙은 나그네 몸으로 어이 보내시는고.

재동이

내가 문門을 나면 반드시 앞을 선다.
내가 돌아오면 두 발을 쳐들고 반긴다.
밤이면 구름의 그리매만 보고도 컹컹컹컹 짖는다.

너는 천생으로 날래고도 모질다.
사람은커녕 범도 적이 저어하겠다.
웅장雄壯한 그 음성音聲과 풍신風身이 이 마을의 사자獅子다.

고향故鄕길에

소맷속 드는 바람 시원도 하온지고
나를 따라 저 달은 물에 비쳐 보이다가
내 또한 산을 넘으니 산 넘어서 보이더라.

벼포기 묶어 센 듯 두렁 너머 우뚝 솟고
콩과 팥은 넝쿨 벗어 길도 밭도 모를세라.
해마다 저녁 이슬에 옷을 적셔 드노라.

모처럼 집에 드니 낯선 이도 많은지고
술 받고 닭을 잡아 손과 같이 여기오며
이웃집 늙은이들도 수스러이 아더라.

뒷동산 깊은 숲에 흐르는 꾀꼬리 소리
하두나 좋을세라 춤을 추고 일어나니
산듯한 아침 햇발이 산을 넘어오더라.

선경이 이 아닌가 달리 찾아 무엇 하리.
대숲 속 맑은 바람 돌 사이 맑은 시내
홍진에 흐렸던 가슴을 씻어 준 듯하여라.

내 고장

벼락보다 무서운 폭탄 우박처럼 쏟아지고
옥같은 몸들이 불티 되어 날렸으련마는
저마다 내 고장으로 돌아올 줄 믿나니.

벌이 그만두고 짐도 매잘 것 없고
힘찬 주먹을 쥐어 크게 부르짖으며
저마다 내 고장으로 돌아올 줄 믿나니.

벼를 가득 누려 쥐도 살지어 보고
헐린 터전에 새로 주추를 놓고
저마다 내 고장으로 돌아올 줄 믿나니.

파리

서리는 눈같이 내려도 파리는 봄을 먼여 안다.
창살이 밝기도 전에 잉잉거리고 모여든다.
반갑다 할는지 모르나 나는 도로 괴롭다.

갈보리

열은 구름 끼고 서리도 아니 내렸다.
언덕 퍼런 숲에 새들은 지저귀고
그 밑엔 갈보리 잎이 소복소복 자란다.

쓰일 듯 쓰일 듯하여 붓은 더질 수 없고
문장文章만으로 배는 채워지지 않는다.
원컨대 오는 해마다 풍년豐年이나 드소서.

비

밤은 깊어지고 비는 줄줄 내린다.
타던 거문고 한 옆에 비껴 놓고
무단히 눈물지으며 누를 그려 하는고.

봄 아침

설레던 바람 자고 서리는 고이 내렸다.
해 돋아 오르고 멀리 안개는 잦았다.
떼 지어 까마귀들은 어느 메로 가는고.

아직 이 걸음이 하루 백 리百里는 가겠다.
이리저리 다니며 맘대로 놀고져라.
가다가 우러러보며 너를 나는 부럽다.

늦비

오늘도 다 저문 날 겨우 틈을 타서
붓을 들었다가 도로 더져두고
상牀머리 몸을 비기어 빗소리를 듣는다.

대추를 코에 넣고 밤송이 겨드랑이에 끼어도 보고
모를 옮겼다던 그럴 때도 아니지만
지는 이 비 한 방울이 천금千金보다 더하다.

모기 · 빈대

녹음綠陰이 퍼져 오며 누런 잎도 흩날리고
잦은 천동天動에 우박雨雹은 탄알 같고
한증막汗蒸幕보다 껌껌한 밤의 모기 빈대 뽐낸다.

四二九○. 六. 一八 복지다방福地茶房서 써
박희선朴喜宣 최승범군崔勝範君을 보였다.

말복末伏

그리 잦았던 비가 이어 혹독한 가뭄이었다.
토련 잎도 타고 가지 고추 다 말랐다.
오늘날 우리로서도 하늘만을 바랄 건가.

가만히 앉았어도 등거리에 땀이 찬다.
상관上關 좁은 물에 활짝 벗고 드러누우니
옛날의 삼공三公이라도 부러워할 것 없다.

쓰르라미

맑았다 흐리었다 찌고도 우리더니
번개와 함께 소낙비 지나가고
저물어 우는 쓰르라미 가을철을 조인다.

별

홀로 밤을 지켜 바라던 꿈도 잊고
그윽한 이 우주宇宙를 가만히 엿보고
빛나는 별을 더불어 가슴 속을 밝힌다.

하루

밀보리 새잎 나고 갈도 거의 되었다.
벼 빈 배미마다 이삭을 뉘 주우리.
밭머리 나는 메추리 살이 절로 지겠다.

살포시 지나는 비를 숲속에 보내노니
솦잎 모아 불을 피어 남은 잔을 다시 데고
들어도 허물이 없는 말이 서로 잦았다.

익은 이 메로되 오고도 오고파라.
비도 내리고 약이야 캐든 말든
바쁘던 그 틈을 타서 이 하루를 얻었다.

시장市場

오늘 이 거리가 왜 이리 번잡한가.
내일 모래 사이 정말 설이 온다 하고
밤 대추 북어 붙이들 손과 손에 들었다.

남양南陽 수시水杮에는 곰팡이 돋아나고
싱싱하던 비웃도 고물古物이 되어 가고
신 쌀은 백옥白玉같으나 새벽만도 못하다.

촛불

하늘에 해와 달도 구름에 흐르기도 하고
전등電燈 와사등瓦斯燈도 때로 오다 말다 하건만
오로지 너를 현다면 어느 때나 밝고나.

첫눈

무 배추 퍼려하고 입동立冬 소설小雪 다 지냈다.
어제도 봄 같더니 오던 비가 눈이로고.
아무리 괴후乖候랄망정 철은 철이 아닌가.

높은 산山머리엔 수두룩 눈이 쌓여
경도瓊島 요대瑤臺를 이뤘다 하더라도
우리의 곤한 살림은 더욱 기한飢寒만이네.

눈(一)

때도 때도 아닌 지독한 추위러니
눈발 날리며 바람도 부드럽고
오므라 오므라진 몸이 겨우 도로 펴인다.

꺼먼 소나무 잎 얼다가 녹아지고
눈에 젖는 뫼 소금 흩인 돌 같고
담 머리 버는 햇발은 부풀대로 부푼다.

눈(二)

새벽 잠을 깨어 창문窓門을 열고 보니
남고南固 고달高達이 모두 다 북악北岳이다.
때 아닌 하이얀 눈이 가득가득 쌓였다.

늙은 나의 몸에 병이야 더하든 말든
남고南固 고달高達에 눈이야 쌔든 말든
서둘러 이 봄 안으로 삼팔선三八線만 터져라.

눈(三)

눈이 쌔고 쌔는 답답한 이 겨울도
금잔디 속잎 나고 종달새 지저귀는
그저 그 봄인 양으로 들썩이는 이 마음.

적이 숨을 돌려 가벼이 뇌는 발이
문門을 나서서 차라리 눈을 밟고
그 머언 산山길이라도 뛰어가고 싶었다.

보리

눈 눈 싸락눈 함박눈 펑펑 쏟아지는 눈
연일 그 추위에 몹시 볶이던 보리
그 참한 포근한 속의 문득 숨을 눅여 강보에 싸인 어린애마냥
고이고이 자라노니
눈 눈 눈이 아니라 보리가 쏟아진다고 나는 홀로 춤을 추오.

부산행釜山行

부산釜山

고운 산골이요 또한 고운 해항海港이다.
움막살이라도 답답다 하지 말고
이따금 송도松島에 나서 현해탄玄海灘을 바라보라.

송도松島

좁은 거리 지나 바닷가를 나고 보니
서늘하다기보다 바람은 너무 세고
눠이도 무엇에 막혀 밀리다간 마는고.

해운대海雲臺

가는 비 굵은 비로 온종일 내리는 비
베갯머리에 낙수 소리 듣다가
멀잖은 해운海雲 풍경風景을 꿈으로나 보노니.

부산釜山

산山비알 잔솔 새새 벌통 같은 판장집에
박실박실한 뭅시 야윈 얼굴들이
내 이제 이곳을 오매 먼저 눈에 뜨인다.

앞의 바다로는 밀려오는 물결이요
거리 거리엔 넘실대는 사람의 물결
그래도 보고픈 것은 한 모르의 오륙도五六島.

금강錦江

산 곱고 물도 고운 우리나라 이 강산江山
오대五大 장강長江의 금강錦江이 하나로서
비단결 같은 이 강江이 이 어름에 비껴 있다.

삼국三國을 통일統一하고 뽐내던 신라新羅 끝에
왕건王建 태조太祖도 영웅英雄은 영웅英雄이지만
개태開泰에 원찰願刹을 두고 풍수설風水說엔 맺혔다.

같은 이 겨레도 남북南北이 다 형제兄弟다.
나뉘고 합함은 한 때의 일이었다.
오로지 투쟁鬪爭만으로 이 세계世界를 지닐까.

농촌화첩農村畵帖 (一)

웅덩마다 물 괴이고 밤에는 개구리 소리
동산에 숲이 짙어 낮이면 꾀꼬리 소리
그 바쁜 마을 집들은 더욱 적적寂寂하여라.

앞뒤 넓은 들이 어느덧 검어졌다.
모기와 벼룩 거머리 뜯기다가
겉절인 열무 김치에 보리밥이 살지운다.

일 심은 오려논에 기심이 길어 있다.
헌 삿갓 베잠방이 호미 메고 삽 들고
내 일은 내가 서둘러 새벽부터 나간다.

울마다 호박넌출 그 밑에 가지 고추
비는 오려 하는 무더운 저녁 날에
똥오줌 걸찍한 냄새 왼 마음을 적신다.

몇 만 년萬年 걸고 걸은 기름진 메와 들을
갈고 고르고 심고 거두고 하여
일찍이 우리 조상祖上도 이 흙에서 살았다.

농촌화첩農村畵帖 (三)

비는 간밤처럼 줄줄 줄줄 내린다.
겨우 모낸 논이 물꼬마다 폭포다.
두렁에 서 있는 농부農夫도 하나의 동상銅像이었다.

어느 들 어느 멘들 여름이야 아니 푸르랴.
잦은 그 비에 풋나무 더욱 자랐다.
연륜年輪을 높여 가면서 이 녹화綠化를 이어라.

청우헌聽雨軒

앞논엔 새 미나리 담 머리 호박덩굴
봉추산鳳雛山 한 모르에 이 집을 찾아드니
그립던 나의 고장을 돌아온가 하였다.

이내 내리는 비 이날도 아니 멎어
감잎 포도葡萄잎에 밤에도 그저 그 소리
실 같던 앞 개울물이 홍수洪水되어 흐른다.

* 청우헌聽雨軒은 대구大邱 대봉동大鳳洞
봉추산우鳳雛山隅 이호우군李豪雨君의 집

보광보살普光菩薩

조심히 발을 저겨 좁은 문門을 들어오라.
모든 창피와 구차함도 사양 마라.
트이는 명랑明朗한 빛은 밤도 밤이 아니다.

아기나 다름 없는 그저 어린 마음이다.
잦은 웃음이 눈물도 또한 잦다.
따듯한 어머니 품을 벗어날 날 없어라.

자비慈悲한 보살菩薩님이 나의 뜻을 아시는가.
전당殿堂을 울리는 법사法師의 설법說法보다
밭머리 종다리 소리가 나는 더욱 좋아라.

때로 식는 정情도 의무義務로 도로 데워
손을 마주 잡고 이생을 보내고 싶다.
그대는 아니 믿어도 나는 나를 믿노라.

밀어 드는 풍랑風浪 아직도 아니 갠다.
시달린 피로疲勞 한 몸을 어루만져 주는 이를
하찮은 염량炎凉을 따라 저버릴 수 있으랴.

인생人生의 고개

겨우 육십 리六十里 지나 땅거미 지는고나.
한 고개 넘어 한편엔 가장假葬서리 한편에는 청루靑樓들인데
차라리 촉루髑髏를 안고 한밤 새워 갈거나.

채형蔡兄 만식萬植이여

채형蔡兄 만식萬植이여 나는 슬허하나이다.
이래 저래 가는 그 길 형兄도 마자 가시나요.
하실 일 많은 이때에 뉘를 믿고 가시나요.

채형蔡兄 만식萬植이여 나는 기뻐하나이다.
형兄의 가는 그곳 천국天國이 게 아닌가.
형해形骸만 묻힌 무덤에 꽃도 돋아 피리다.

곡哭 이수훈군李洙熏君

외오 그리워하다 겨우 돌아온 나의 고향
그 뫼와 물이로되 그이는 아니 뵈노니
적적한 님은 그 해를 누로 다려 보내리.

그 손에 자라나던 무화과無花果 한 가지를
캐어 옮기어 뜰 앞에 심어 두고
그림자 창窓에 어리면 오시는가 여기네.

호암湖岩의 무덤

재 너머 잔디 비알 앞에는 강江이었다.
님의 버린 몸은 흙이 되었을망정
메와 물 고운 이곳이 넋이라도 반기시리.

보다 기쁜 날이 행여나 올까 하여
타던 그 속을 참고 참다 가신 님을
찾아도 들릴 말 없어 꽃을 심어드렸다.

선계부회갑 先季父回甲

서로 지내던 일을 어이 다 삷으오리.
한 데 자라던 그날이 어제 같고
한 나이 더해 갈수록 더욱 생각납니다.

다시 못올 길을 가셨다 하더라도
가신 뒤 해와 달이 쌔이고 쌔이더라도
그려도 나의 안에는 게시는 듯하외다.

처음 이 세상에 오시던 이날이외다.
예순돌 돌아오는 경사로운 이날이외다.
눈물로 드리는 잔을 기쁨으로 받으소서.

애도哀悼

—고故 육제陸弟를 생각하고

비록 병이 들어 앓는다고 다 이러랴.
백 년도 하찮은데 앞을 서서 가느냐.
네 간곳 내 가기 전에 이 설움을 어이리.

탄식嘆息

열세 해 공을 드려 키우던 꽃 한 가지
꽃도 미처 못 펴보고 바람맞아 꺾이는고야.
일마다 이럴 양이면 무얼 한다 하오리.

아들을 생각고 (一)

벌써 돌이 되어도 돌아를 아니 온다.
말자 말자 하여도 생각이 절로 난다.
성한 듯 썩는 안이야 누가 알아보리오.

아들을 생각고 (二)

밤중에 일어 앉아 이렇게도 생각난다.
과연 죽었는가 죽어 다시 살아올까.
그래도 바라는 마음 바늘귀처럼 트인다.

송별送別

재 너머 두서너 집 호젓한 마을이다.
촛불을 다시 혀고 잔 들고 마주 앉아
이야기 끝이 못나고 밤은 벌써 깊었다.

눈이 도로 얼고 산山머리 달은 진다.
잡아도 뿌리치고 가시는 이 밤의 정情이
십 리十里가 못되는 길도 백 리百里도곤 멀어라.

Ⅲ. 시·신시·속요

수레 뒤에서[1]

一. 밤에도 보리밥 한 솟질 동안만큼도 편히 못 자고
닭이 세네 홰 울으면 벌써 일어나아
소죽을 쓸이어 먹이고 수레를 고치며
시경밥을 찬물에 말아 마시고
소에게 수레를 메고 수레에 물건을 실어
압흐로 소를 몰고 나아가다.
지새는 달비츤 먼 산에 자졌고
서늘한 바람은 옷깃을 날린다.
사방이 고요한데 수레 소리만 뚤뚤뚤
더구나 다리 위에 지낼 때
버레들은 풀 속에서 기지개 키고
새들은 보금자리에서 꿈꾼다.
먼동이 환하여지며 하늘이 밝으니
모든 메 봉오리가 캄캄한 이불을 것고서
부시시 우썩우썩 일어난다.
부지런한 집에서는 밥 짓는 연긔가 나고
게으른 집에서는 아즉도 코고는 소리뿐.

1 『共濟』 제1호, 1920. 9.

二. 어느덧 해가 솟아 두어 길 띄어서
「밤사이 평안하냔」듯이 뚜렷한 얼굴로
쏘는 빛을 가지고 내려다보다.
소는 쉴 줄을 모르고 나아가지—
차차차차 위엄스런 더위가
온몸을 에우어 싸고 드니
뼈와 살이 녹아서 물로 변햇나.
샘 솟듯하는 땀이 옷 우으로 흐르다.
한갓 거름만 하는 내가 이럴진대
수레 쌔는 소야 오죽하랴.
사람이 범을 실여하고 무서함은
범에게 먹힐가 두려함이 아닌가.
그와 가티 저 소도 사람을 두려하렷다.
그러나 「나는 너를 먹지 안켓다 두려 말아라.」
「나날이 고생함은 너와 나만 서로 알지.— 」
「너는 시럽시 나의 벗이다.」
「나의 벗에도 사랑하는 벗이다.」
높다란 집에서 비단 모긔장 치고 낮잠 자는 이며
청루에서 기생 더불고 「에 노아라. 못노켔다.」 하는 이며
돈만 직히고 더 모으려 눈쌀이 뒤집힌 이며
교자나 인력거로써 사람을 타고도 애차런 줄 모르는 이며
붓으로나 혀로나 칼로써 도적질하는 이며
그 다음 모든 악한 이들이
어찌 너와 나의 고생을 알며

안들 얼마나 알뜰히 위하여 주랴!
참으로 괴롬과 아픔은 너와 내나
서로 알아주고 위하여 줄 짜름.

三. 길가의 늙은 나무 기픈 그늘에
소 멍에를 벗기고 소를 더불어
가는 풀을 자리 삼아 한참 쉬었다.
하도 곤하여 조름 하다가
갈 일이 바빠서 바로 깨어보니
쇠파리들은 쇠피를 빨아 먹는다.
소는 머리며 꼬리만 휘휘 내두르며
커다란 눈쌀로 물쑤름이 나를 쳐다본다.
나는 그 파리들을 물리치고
다시 길로 나아가다
가씀가씀 나무 그늘을 맛나매
이러틋 쌈을 들이엇다.
쏘한 주리지 안할 만큼
소에게 먹이를 주엇다.

四. 서산에 지는 해는 나를 버리고
슬금어니 넘어 가도다.
저녁연긔가 가리인 여러 마을로서
외로이 비치는 등불만 쌈박쌈박
그윽한 굴헝에는 귀신이 노는듯—

머나먼 길턱은 씃이 업고나.
압흐로 향하여 나아갈수록
고향은 멀어지니
그립은 맘이 더욱 간절하다.
뒤로서 불어오는 바람결에
가늘게 통곡소리 들리는 듯—
어린아이는 배곱하서
여린 안애는 괴로워서
늙은 부모는 애석해서
마츰내 부르지즈며 우는가.
어서 돌아가아 위로할 일 생각하니
허둥거리는 다리가 벌벌 쩔리어
빨리 걸리지 아니하고
두근거리는 가슴이 울렁울렁
자조 조린다.

도悼 이李마리아[2]

이李마리아는 해삼위海蔘威 조선인 학생음악단朝鮮人學生音樂團 중中 일양一孃인대 군산群山 여행旅行 중中 천연두天然痘에 이罹하야 해처병원該處病院에서 치료治療하다가 불행不幸히 거유월去六月 사일四日에 별세別世함을 문聞하고 이에 노래를 지어 여汝의 고혼孤魂을 위慰하노라.

一. 네가 세상 써낫단 말을 듯고
나는 노래를 지여 노래를 부르노라.

二. 너의 목숨은 열네 해로
너의 이름은「짠쓰」로서
삶과 기림을 얻고
만리 고국萬里故國 차져와서
만인萬人을 웃기더니

三. 그 몹실 마마가 너를 다시는
못 보게 ᄒᆞ엿고나.

四. 못 보니 슯흐지마는
너는 편안ᄒᆞ리라.
너는 영원永遠ᄒᆞ리라.

---

2 『靑年』1권 5호, 1921. 8.

괴로운 이 세상을 써서
온갖 시름을 니져바리고.

五. 마리아! 마리아!
네 이름은 아니 죽엇다.
만인萬人이 기억記憶이 잇슬 때가지.

六. 뜰 위 안에 피려는 꼿도
광풍狂風을 맛나 써러진다.
오히려 꼿다운 향기香氣는
아니 스러지는 듯.

七. 마리아 꼿! 꼿!
꼿 보고 마리아 생각노라.

부엌더기 설음[3]

어제도 무슨 구경
오늘도 무슨 구경
남들은 울긋불긋
압뒤 서서 가건마는
나는 홀로 집에 잇서
행주치마 치닥거리
하다가는 해를 지네.
그래도 못 다한 일
밤에도 하려하니
내 일생에 편해본 적
한 번이나 잇슬소냐.
어이하여 이내 몸은
고생으로 나단 말가
어느 어진 임이 계서
귀히 녁여 보오시리.

3 『東亞日報』, 1925. 8. 1.

봉선화[4]

부슬부슬 비 오든 날
건너 마을 마슬 가서
봉선화를 어더다가
뜰 아페 심엇더니

포기 벌고 가지 도다
가지마다 꼬치 피네.
흰 꼿 붉은 꼿
히고도 붉은 꼿

꼬츨 따다 돌에 씨어
손 쯧마다 매어 두고
하루ㅅ밤을 자고나니
고웁게도 물들엇네.

4 『東亞日報』, 1925. 8. 1.

어데서 어느 손님
날 보러 차저 오면
내 몸은 장막에 감추이고
손끗만 내어 보이려네.

경회루慶會樓[5]

경회루慶會樓야. 경회루慶會樓야.
테평연월太平烟月이 언젤느냐.
꼿가튼 궁녀宮女들이
비단 치마 느슬이고
섬섬옥수纖纖玉手에
연화蓮花를 색거들고
목을 얼러 노래하며
오락가락 하든 양은
지금에 홀로 서잇는 너와가치
저런 못 속에 비쳣스리라.

5 『東亞日報』, 1925. 8. 11.

전주 한벽당 全州寒碧堂(구고중舊稿中)[5]

내ㅅ물은 파란 빗치
모래는 하얀 빗치
물놀이 하옵는
저 안낙네
고운 빗치
알마추 그리시 노흔
그림인 듯하여라.

증우인 贈友人[5]

생각다 드는 잠이
얼풋이 쑴을 일워
쒸는 듯 나는 듯
님을 차저 가랴할 제
얄미운 리웃 삽살이
쓸에 와서 짓더라.

고물古物[6]

한울의 별짜기처럼 엇기 어렵든 금관자 옥관자 홍패 백패가
거리거리 고물상점마다 벌여잇구나.
허술한 서책 족자 평풍 문방제구도 고물로나 쓰지마는
드노픈 홍문 정각은 눈비 마저 썩을뿐이다.
하물며 몇백 년 울이든 쌔짜귀야
어인 냄새나 나랴. 누가 돌아나 보랴.

말, 소[6]

말이나 소의 순직하고 근실함이야 사람마다 그리지마는
늙어서 못 쓰게 되면 도수장으로 보내는구나.
너는 말이나 소나 되어라. 나는 너를 타고 너를 몰고
조흔데 험한데 다 가련다.
가다가 허긔져 들어눌 때는 호령과 채죽이 울에처럼 소낙비처럼
쏘다져 나리리라.
동무여. 우리 동무여. 말이나 소나 되고 마려나.
그리고 기리는 소리나 들으려나.

6 『別乾坤』 2권 8호, 1927. 12.

젊은이 놀애[7]

우리도 바야로 튼튼한 몸에
건실한 맥질이 힘 잇게 뛰네.
두 다리 쌔티고 대지大地에 서서
한 걸음 한 걸음 나아들 가네.
아무리 이 세상 바람이 센들
아페 든 긋발을 거드나 보리.
백 리百里라 천 리千里라 가다가 마랴.
멀어도 멀어도 가야할 길을
남다른 희망希望이 우리는 만하
남다른 용기勇氣와 노력努力을 더해
남다른 행복幸福과 깃븜을 가질
그날이 갓가이 닥치어 오네.
타락墮落과 절망絶望과 모든 미망迷妄아
내 놋는 발끄테 걸릴 제마다
우리는 박차고 나가야 하네.
우리는 인생人生의 젊은 전사戰士네.

7 『別乾坤』 4권 4호, 1929. 6.

구즌비[8]

비는 웨 오나. 비는 웨 오나.
날마다 오는 비가
그칠 줄을 모른다네.
오막살이 우리집은
이 장마에 다 썩것네.
천장에서 새는 물은
자바기에 바더내고
부억에서 솟는 물은
박아지로 푸어내네.
게다가 저녁에는
빈대조차 쐬여들어
잠 한 잠을 자게하나.

8 『東亞日報』, 1925. 7. 21.

– 가람 이병기 –
신문 · 잡지 발표 시조 · 시 목록 일람표

시 · 신시 · 속요 · 시조				
순	제목	출전	연도	비고
1	수레 뒤에서	공제 1호	1920. 9.	시
2	悼李마리아	청년 1권 5호	1921. 7 · 8.	시
3	갈길 달밤에 할아버님 무덤 아페서	휘문 2호	1924. 6.	
4	齊州ㅅ길에: 木浦 多島海 鳴粱 濟州 觀音寺 漢拏山 西歸浦 瀚海 涯月浦	동아일보	1924. 8. 25.	
5	嘆息 餞春	시대일보	1925. 5. 12.	
6	漢江을 지나며 故鄕ㅅ길에 탄식 梨泰院 墓地에서 또 即景/慢感	조선문단 12호	1925. 10.	
7	夜起懷友	시대일보	1925. 6. 8.	
8	平和 꼿 太極亭 閱武亭	시대일보	1925. 7. 1.	
9	仁旺山의 저믄날 平和 望月 少年行	동아일보	1925. 7. 3.	
10	宗廟畓 晴天 또	동아일보	1925. 7. 8.	
11	漫感 님 憧憬	시대일보	1925. 7. 13.	

12	奉天行(九章): 淸川江 鴨綠江 또 鴨綠江건너서 鳳凰城 瀋陽	동아일보	1925. 7. 19	
13	奉天行(九章)(續): 심양瀋陽 또 또 셋재 아우 여힌 한돌(三章) 또 또 追憶李壽永君 또 또	동아일보	1925. 7. 20.	
14	큰물(八章) 또 또 또 또 또 또 또	동아일보	1925. 7. 21.	
15	구즌비	동아일보	1925. 7. 21.	속요
16	漫感 부엉더기 설음 봉선화	동아일보	1925. 8. 1.	시조 신시 신시
17	어느 벗에게 苦 雨夜	동아일보	1925. 8. 8.	
18	慶會樓 全州寒壁堂 贈友人	동아일보	1925. 8. 11.	시가
19	平壤十詠	조선일보	1925. 10. 27.	
20	알흐면서 어버이 생각	조선문단 16호	1926. 5.	
21	時調三章	신민 16호	1926. 8.	
22	扶餘行: 百濟王陵에서 扶蘇山에서	동아일보	1926. 11. 5.	
23	밤든 서울	조선일보	1926. 11. 24.	
24	새해에	조선일보	1927. 1. 2.	
25	한글기림	한글 1권 1호	1927. 2.	
26	xx군에게	신민 22호	1927. 2.	
27	소루장이	조선일보	1927. 2. 19.	
28	고향으로 돌아 돌아갑시다	동광 11호	1927. 3.	

29	탈[假面]	별건곤 2권 3호	1927. 3.	
30	봄의 마을ㅅ집	별건곤 2권 4호	1927. 4.	
31	아가씨와 개나리	조선일보	1927. 4. 14.	
32	봄의 서울	신민 25호	1927. 5.	
33	새벽길	별건곤 2권 5호	1927. 7.	
34	으스름 달밤	현대평론 1권 7호	1927. 8.	
35	靜州行: 雲橋畔에서 海佛庵에서 暎湖의배놀이 써난 뒤	조선일보	1927. 8. 10.	
36	야시(辭說時調)	신민 29호	1927. 9.	
37	두겸뒤지기	신민 29호	1927. 9.	
38	가을 사랑하는 ××에게	신민 30호	1927. 10.	
39	慶州를보고(一): 半夜月(一) 半夜月(二) 半夜月(三) 鳳凰臺	조선일보	1927. 10. 7.	
40	慶州를 보고(二): 月城(一) 月城(二) 雁鴨池 蚊川	조선일보	1927. 10. 8.	
41	慶州를 보고(三): 佛國寺 石窟庵(一) 石窟庵(二) 石窟庵(三)	조선일보	1927. 10. 9.	
42	慶州를 보고(四): 石窟庵(四) 吐含山(一) 吐含山(二) 太宗武烈王陵(一) 太宗武烈王陵(二) 太宗武烈王陵(三)	조선일보	1927. 10. 10.	
43	古物	별건곤 2권 8호	1927. 12.	시
44	말, 소	별건곤 2권 8호	1927. 12.	시
45	섣달 그믐날	신민 33호	1928. 1.	
46	退耕 스님께	불교 45호	1928. 3.	
47	꼿한가지 바라는일 보낸 뒤에	조선일보	1928. 3. 30.	
48	봄	동아일보	1928. 4. 19.	
49	밤ㅅ숭이	동아일보	1928. 9. 21.	

50	더듸온길	동아일보	1928. 9. 26.	
51	鸚哥	동아일보	1928. 10. 2.	
52	달	동아일보	1928. 10. 3.	
53	삼개에서	동아일보	1928. 10. 5.	
54	비 뒤에	동아일보	1928. 10. 14.	
55	백제왕릉	동아일보	1928. 11. 25.	
56	비 三溪洞	조선시단 2 · 3호	1928. 12.	
57	피아노 소리	신생 1권 3호	1928. 12.	
58	겨울밤	동아일보	1928. 12. 9.	
59	겨울새벽	신민 45호	1929. 1.	
60	梅花 水仙花	별건곤 4권 2호	1929. 2.	
61	南山의 四時	신생 2권 6호	1929. 6.	
62	젊은이 놀애	별건곤 4권 4호	1929. 6.	신시
63	甘雨	동아일보	1929. 7. 4.	
64	저므는가을	동아일보	1929. 10. 26.	
65	가을	조선일보	1929. 10. 26.	
66	白衣頌	평론 1권 1호	1929. 11.	
67	玉簪花	신생 2권 12호	1929. 12.	
68	밤ㅅ비	학생 2권 4호	1930. 4.	
69	새봄	대중공론 2권 3호	1930. 4.	
70	慢鼎汕	중외일보	1930. 5. 4.	
71	안감내에서	신생 3권 6호	1930. 6.	
72	강ㅅ가에서	신소설 2권 3호	1930. 6.	
73	納凉音樂會	신민 60호	1930. 8.	
74	石窟庵 가는 길에	신생 3권 12호	1930. 12.	
75	닭울음	불교 79호	1931. 1.	
76	봄	신생 4권 4호	1931. 4.	
77	白雲臺	동아일보	1931. 5. 5	
78	옹당샘	불교 84호	1931. 6.	
79	山海風景(一): 麗水燈臺 麗水夜景	동아일보	1931. 9. 20.	
80	山海風景(二): 보뚤바다 木浦儒達山	동아일보	1931. 9. 22.	
81	山水情懷(一): 麗水港	동아일보	1931. 9. 23.	

82	山水情懷(二): 群山港 木浦港	동아일보	1931. 9. 24.	
83	山水情懷(三): 順天松廣寺	동아일보	1931. 9. 27.	
84	月出山	신동아 1권 1호	1931. 11.	
85	봄	신생 5권 3호	1932. 3.	
86	三昧喜	동방평론 1권1호	1932. 4.	
87	새봄	한글1권1호(창간호)	1932. 5.	
88	火葬場에서	신생 5권 6호	1932. 6.	
89	별	신생 5권 7호	1932. 7.	
90	한흰샘 스승님	한글 1권 3호	1932. 7.	
91	追憶	삼천리 4권 8호	1932. 8.	
92	가을	신생 5권 10호	1932. 10.	
93	自然의 情: 梧桐꽃 宗廟숲 白梅	신생 6권 1호	1932. 12.	
94	새해	신가정 1권 1호	1933. 1.	
95	大興山城	시조 제일선 3권 3호	1933. 3. 1933. 3.	
96	紅桃	가톨릭청년 1권 1호	1933. 6.	
97	周時經先生墓	신동아 3권 6호	1933. 6.	
98	白松	동아일보	1933. 7. 23.	
99	天文臺	동아일보	1933. 7. 23.	
100	함박꽃	가톨릭청년 1권 3호	1933. 8.	
101	달	가톨릭청년 1권 3호	1933. 8.	
102	幸州	가톨릭청년 1권 3호	1933. 8.	
103	가을	동아일보	1933. 9. 5.	
104	蟋蟀	동아일보	1933. 9. 12.	
105	다드미	동아일보	1933. 9. 19.	
106	野菊	동아일보	1933. 9. 27.	
107	白馬江	중앙 1권 1호	1933. 11.	
108	宮門	학등 3호	1934. 1.	
109	怪石	가톨릭청년 2권 6호	1934. 6.	
110	鞦韆	신가정 1권 6호	1934. 6.	
111	장마	중앙 2권 9호	1934. 9.	
112	蘭草	신동아 4권 12호	1934. 12.	
113	天摩山峽	가톨릭청년 3권 1호	1935. 1.	
114	玉簪花	학등 13호	1935. 1.	
115	乖候	조선문단 속간 1호	1935. 2.	

116	石窟庵	삼천리 7권 3호	1935. 3.	
117	그리운 옛날	학등 15호	1935. 4.	
118	나리는 비	조선문단 속간 3호	1935. 5.	
119	水仙花	조선중앙일보	1935. 5. 1.	
120	戲作	학등 16호	1935. 6.	
121	白墨	삼천리 7권 6호	1935. 7.	
122	다람쥐	삼천리 7권 6호	1935. 7.	
123	山ㅅ비	삼천리 7권 9호	1935. 10.	
124	梅窓墓에서	신가정 3권 11호	1935. 11.	
125	落葉	학등 21호 시조연구 1호	1935. 12. 1953. 1.	
126	蘭草	신인문학 3권 3호	1936. 8.	
127	아이와 꽃	신가정 4권 9호	1936. 9.	
128	大聖菴	중앙 4권 9호	1936. 9.	
129	右水營	삼천리 9권 4호	1937. 5.	
130	迦葉峰	삼천리문학 1집	1938. 1.	
131	맘	여성 3권 4호	1938. 4.	
132	故 李鉀君	동아일보	1938. 8. 28.	
133	午後風景	동아일보	1938. 9. 28.	
134	近吟數題: 天文臺 白松	야담 4권 10호	1938. 10.	
135	구름 죽엄	야담 4권 11호	1938. 11.	
136	壽松	야담 4권 12호	1938. 12.	
137	그리운 그날	삼천리 11권 1호	1939. 1.	
138	梅花	문장 1권 2호	1939. 2.	
139	밤[栗]	야담 5권 2호	1939. 2.	
140	蘭草	문장 1권 3호	1939. 3.	
141	비	신세기 1권 3호	1939. 3.	
142	詩魔	시학 2집 신조 제3집	1939. 5. 1953. 12.	
143	湖巖墓	조선일보	1939. 11. 1.	
144	古書	문장 2권 2호	1940. 2.	
145	祝創刊二十周年	동아일보	1940. 4. 2.	
146	그 방	문장 3권 4호	1941. 4.	
147	踏橋	신세기 3권 6호	1941. 6.	
148	파랑새	조광 7권 12호	1941. 12.	
149	踏橋	춘추 3권 1호	1942. 1.	
150	綠陰頌	신시대 2권 7호.	1942. 7.	

151	나오라	해방기념시집	1945. 12. 12	
152	천량	혁명 1권 1호	1946. 1.	
153	三 · 一날	서울신문	1946. 3. 1.	
154	횃불	동아일보	1947. 1. 1.	
155	길	한얼 2호	1947. 3.	
156	해방이후	조선시집	1947. 3. 20	
157	나의 祖國	문화 1권 1호	1947. 4.	
158	國語大辭典刊行祝	신민일보	1948. 4. 6.	
159	조선말큰사전 간행을 축하함	한글 13권 2호	1948. 6.	
160	洪原 監房에서	풍문 창간호	1949. 6.	
161	비 落葉	시조연구 1호	1953. 1.	
162	近吟三首	신조 제3집	1953. 12.	
163	農村畫帖	협동 42호	1954. 2.	
164	신춘	전북일보	1954. 3. 9	
165	볕	삼남일보	1954. 3. 6.	
166	추석	국어문학 2권 3호	1955.	
167	낭이꽃	삼남일보 현대문학 1권 3호	1955. 1. 1. 1955. 3.	
168	乙未元朝	전북대학교보	1955. 1. 31.	
169	새벽 도중점경	새벽	1955. 2.	
170	庭園의가을	새벽	1955. 2.	
171	故鄕으로 돌아가자	현대문학 1권 7호	1955. 7	
172	나의화단: 靑梅 風蘭 白蓮	새벽 2권 4호	1955. 7.	
173	비	삼남일보	1955. 7. 31.	
174	海印寺	삼남일보	1955. 8. 26.	
175	살릴이	현대문학 1권 10호	1955. 10	
176	내한生	전북대학교보	1956. 6. 23.	
177	農村의 明郎	새벽 3권 6호	1956. 11.	
178	고향	농민생활 18권 11호	1956. 11.	
179	외로운 이 마음	현대문학 3권 8호	1957.	
180	近詠二篇: 農人의말 商人의말	현대문학 4권 5호	1958. 5.	
181	梅 · 水仙 · 蘭 · 菊	자유문학 3권 12호	1958. 12.	
182	靑梅	자유문학 4권 4호	1959. 4.	청매(四) 와 같음

183	風蘭 蘭과 梅 梧木臺	현대문학 6권 6호	1960. 6.	
184	그 여름도 갔다	시조문학 4호	1962. 4.	
185	산길	예술원보 8호	1962. 12.	
186	朴淵瀑布	현대문학 14권 3호	1968. 3.	
187	시름 청매(四) 守愚齋	시조문학 18호	1968. 4.	
188	國際市場	가람문선	1966.	
가람문선 수록 시조				
189	洪原低調	가람문선	1966.	
190	이 밤	가람문선	1966.	
191	解放前	가람문선	1966.	
192	우리님	가람문선	1966.	
193	國際市場	가람문선	1966.	
194	호패뜨기	가람문선	1966.	
195	팽자울	가람문선	1966.	
196	甲午元朝	가람문선	1966.	
197	밀보리	가람문선	1966.	
198	道林蘭	가람문선	1966.	
199	梅花	가람문선	1966.	
200	靑梅(一)	가람문선	1966.	
201	靑梅(三)	가람문선	1966.	
202	香의 가을	가람문선	1966.	
203	꽃	가람문선	1966.	
204	시루꽃나물	가람문선	1966.	
205	公孫樹	가람문선	1966.	
206	그 방	가람문선	1966.	
207	窓	가람문선	1966.	
208	발(簾)	가람문선	1966.	
209	天井	가람문선	1966.	
210	山椒	가람문선	1966.	
211	妻	가람문선	1966.	
212	裡里서	가람문선	1966.	
213	羅津 · 林普桓君에게	가람문선	1966.	
214	재동이	가람문선	1966.	
215	故鄕길에	가람문선	1966.	
216	내고향	가람문선	1966.	
217	파리	가람문선	1966.	

218	갈보리	가람문선	1966.	
219	비	가람문선	1966.	
220	봄아침	가람문선	1966.	
221	늦비	가람문선	1966.	
222	모기 · 빈대	가람문선	1966.	
223	末伏	가람문선	1966.	
224	쓰르라미	가람문선	1966.	
225	별	가람문선	1966.	
226	하루	가람문선	1966.	
227	市場	가람문선	1966.	
228	촛불	가람문선	1966.	
229	첫눈	가람문선	1966.	
230	눈(一)	가람문선	1966.	
231	눈(二)	가람문선	1966.	
232	눈(三)	가람문선	1966.	
233	보리	가람문선	1966.	
234	釜山行: 부산 송도 해운대	가람문선	1966.	
235	釜山	가람문선	1966.	
236	錦江	가람문선	1966.	
237	農村畫帖(一)	가람문선	1966.	
238	農村畫帖(三)	가람문선	1966.	
239	廳雨軒	가람문선	1966.	
240	普光菩薩	가람문선	1966.	
241	人生의 고개	가람문선	1966.	
242	蔡兄 萬植이여	가람문선	1966.	
243	哭 李洙薰君	가람문선	1966.	
244	湖岩의 무덤	가람문선	1966.	
245	先季父回甲	가람문선	1966.	
246	哀悼	가람문선	1966.	
247	歎息	가람문선	1966.	
248	아들을 생각고(一)	가람문선	1966.	
249	아들을 생각고(二)	가람문선	1966.	
250	送別	가람문선	1966.	

가람 이병기 전집 ❷

시조 · 시 (신문 · 잡지 편)

지은이 이병기
펴낸이 이남호
펴낸곳 전북대학교출판문화원

초판 1쇄 인쇄 2017. 9. 25
초판 1쇄 발행 2017. 10. 13

전북대학교출판문화원 전라북도 전주시 완산구 어진길 32 (풍남동2가)
전화 (063) 219-5321~2
FAX (063) 219-5323
출판등록 2012년 8월 20일 제465-2012-000021호

값 20,000원

ISBN 979-11-87892-62-5 04810
ISBN 979-11-87892-59-5(세트) 04810

이 도서의 국립중앙도서관 출판예정도서목록(CIP)은 서지정보유통지원시스템 홈페이지(http://seoji.nl.go.kr)와 국가자료공동목록시스템(http://www.nl.go.kr/kolisnet)에서 이용하실 수 있습니다. (CIP제어번호 : CIP2017024901)